山东省社科规划项目（17CJJJ19）资助

Research on Securitization Pricing and Credit Risk Measurement of

SEA AREA USE RIGHTS

海域使用权证券化定价及信用风险测度研究

闻德美　白　帆　王盼盼　◎著

中国财经出版传媒集团
经济科学出版社
Economic Science Press
·北京·

图书在版编目（CIP）数据

海域使用权证券化定价及信用风险测度研究/闻德美，白帆，王盼盼著. --北京：经济科学出版社，2024.3

ISBN 978 -7 -5218 -4884 -7

Ⅰ.①海… Ⅱ.①闻…②白…③王… Ⅲ.①海域使用管理法-研究-中国 Ⅳ.①D993.5

中国国家版本馆 CIP 数据核字（2023）第 118667 号

责任编辑：杨　洋　卢玥丞
责任校对：徐　昕
责任印制：范　艳

海域使用权证券化定价及信用风险测度研究
闻德美　白　帆　王盼盼　著
经济科学出版社出版、发行　新华书店经销
社址：北京市海淀区阜成路甲 28 号　邮编：100142
总编部电话：010 -88191217　发行部电话：010 -88191522
网址：www. esp. com. cn
电子邮箱：esp@ esp. com. cn
天猫网店：经济科学出版社旗舰店
网址：http：//jjkxcbs. tmall. com
北京季蜂印刷有限公司印装
710×1000　16 开　8.25 印张　180000 字
2024 年 3 月第 1 版　2024 年 3 月第 1 次印刷
ISBN 978 -7 -5218 -4884 -7　定价：32.00 元
（图书出现印装问题，本社负责调换。电话：010 -88191545）

前言

随着国家“建设海洋强国”和“加快建设海洋强国”等战略推进，我国海域资源开发广度和深度不断提高，海洋经济发展取得了巨大成就，但也面临诸多挑战。例如，多数海域资源价值巨大，开发需要巨额投资，给海域使用权投资主体带来极大流动性压力；海洋自然灾害等可能使投资收益突变为零，又使其承受巨大风险。作为一种新兴结构化融资工具，资产证券化既能盘活发起人存量资产，又能分散其风险，可以有效解决上述问题。相比发达国家，我国资产证券化业务发展相对滞后，相关研究虽已引起社会各界关注，但还处于起步阶段。基于此，本书试图研究海域使用权证券化中的两个主要问题：产品定价和信用风险测度。

本书将海域使用权证券化产品设计为投资级及投机级债券组成的多级债券，由投机级债券承担违约与提前偿付风险。根据海域使用权投资特点，考虑海洋自然灾害发生概率，基于实物期权法和信息扩散技术确定、校正海域使用权价值。兼顾拟合精度与现实条件，采用基于债券市场价格的静态利差法及蒙特卡洛模拟法分别进行海域使用权证券化投资级及投机级产品定价。以定价当日国债即期收益率作为无风险收益率，将其与反映系统风险溢价的静态利差之和作为贴现因子，用静态利差法构建投资级债券定价模型。由于违约与提前偿付数据不足，根据提前偿付模型、违约率模型及随机利率模型确定提前偿付率、违约率及随机利率，采用蒙特卡洛方法模拟债券各期实际现金流及剩余本金，构建投机级债券定价模型。分析海域使用权证券化信用风险的来源和特征，确定信用风险测度对象，用改进的KMV模型测度海域使用权证券化产品信用风险。并以山东半岛3处建设用填海造地海域使用权为例，进行海域使用权证券化定价及信用风险测度案例研究。

本书的主要创新点是：第一，分别运用实物期权法和信息扩散技术确定、校正海域使用权价值；第二，依据债券市场价格而不是股票市场价格计算静态利差，进行证券化产品定价；第三，对 KMV 模型加以改进，依据实物期权法而不是金融期权法确定的基础资产价值，结合信息扩散技术校正基础资产价值，进行信用风险测度。研究成果有助于为我国海域使用权证券化定价及信用风险管理提供参考及借鉴。

目录

Contents

第1章 绪论

1.1 研究背景与意义

1.1.1 研究背景

党的十六大提出“实施海洋开发”，党的十八大、十九大分别提出“建设海洋强国”和“加快建设海洋强国”战略，党的十八大、二十大两次强调“发展海洋经济”。我国海洋经济发展取得了巨大成就，2017～2021年，全国海洋生产总值分别为77611亿元、83415亿元、89415亿元、80010亿元和90385亿元，分别同比增长10.08%、7.48%、7.19%、-10.52%和12.97%，占国内生产总值比重分别为9.33%、9.07%、9.06%、7.89%和7.90%①。

在这可喜增长的背后，我国海洋经济发展也面临诸多挑战。例如，多数海域资源价值巨大，开发需要巨额投资，对于处在发展期和成长期的公

① 资料来源：2017～2021年的《中国海洋经济统计公报》。海洋经济以外向型经济为主，2020～2021年海洋生产总值增长速度及占国内生产总值比重异常主要是受国内外新冠疫情影响。

司来说，一次性缴纳的海域使用金占流动资产比例过大①，容易给自身带来极大流动性压力；海洋自然灾害等可能使投资收益突变为零，使投资主体承受巨大风险，仅2019年，风暴潮、海浪和赤潮等各类海洋灾害造成直接经济损失117.03亿元，死亡（含失踪）22人②；此外，目前海域使用权定价偏低，缺少专业评估机构，因此海域使用权很难作为银行认可的抵押物来融资，导致金融系统与海洋经济的融合度降低，一定程度上可能出现“金融排除”现象，海域使用权投资人较难从银行获得足够的贷款。作为一种新兴结构化融资工具，资产证券化既能盘活发起人存量资产，又能分散其风险，可以有效解决上述问题；同时，政府倡导通过资产证券化盘活存量资产，如2017年政府工作报告中要求“积极稳妥去杠杆”，并重点强调“推进资产证券化”这一路径。我国资产证券化业务在某些自然资源领域已经开展，如矿产资源、水资源、绿色能源、林业资源、土地资源等。相比美国等发达国家，我国资产证券化业务发展相对滞后，海域使用权证券化相关研究虽已引起社会各界关注，但仍处于起步阶段。

基于此，本书试图研究海域使用权证券化中的两个主要问题：产品定价及信用风险测度。主要研究目的包括：依据基础资产特点使用实物期权法和信息扩散技术确定、校正海域使用权证券化产品基础资产价值；兼顾拟合精度与现实条件，采用基于债券市场价格的静态利差法及蒙特卡洛模拟法分别进行投资级与投机级证券化产品定价；使用改进的KMV模型测度信用风险；进行案例分析，并提出相关政策建议。

1.1.2 研究意义

1. 理论意义

本书基于结构化融资视角，运用金融学、资源经济学、海洋经济学理

① 以山东省A市W通用码头有限公司为例，根据《W通用码头工程可行性研究报告》，W通用码头有限公司购买期限为50年的海域使用权进行建设填海造地用海，其海域使用金征收标准为135万元/公顷，共一次性缴纳海域使用金5851.1565万元，占公司上一会计年度期末流动资产14604.8320万元的40.1%。

② 资料来源：2019年《中国海洋灾害公报》。

论与方法，在学科交叉基础上研究海域使用权证券化产品设计、定价及信用风险测度，有助于完善海洋经济融资及风险测度理论和方法体系。

2. 实践意义

本书以现实问题为导向，研究解决海域使用权融资中的现实问题，并进行案例分析。成果有助于为政府部门制定相关政策提供参考；为海域使用权投资主体拓宽融资渠道、测度信用风险提供新思路、新方法；为开展海域使用权证券化业务运作提供借鉴，助力海洋经济发展。

1.2 国内外研究现状

本部分分别从海域使用权证券化、资产证券化产品定价方法和资产证券化产品信用风险研究三个方面进行国内外研究现状梳理。

1.2.1 海域使用权证券化研究

依据基础资产不同，资产证券化主要包括抵押贷款支持证券（mortgage-backed security，MBS）与其他资产支持证券（asset-backed security，ABS）。抵押贷款支持证券研究主要涉及 MBS 概念、优势与运作机制，证券化宏观环境及必要性与可行性，MBS 产品风险识别、测度、定价及其对分散银行风险的作用等方面。2008 年美国金融危机后，相关研究主要分析危机成因、指出金融机构风险管控不足、提出相应对策建议等。随着研究领域不断拓宽，基础资产范围逐渐扩大，汽车贷款、学生助学贷款、应收款、基础设施收费权、知识产权、自然资源等资产支持证券研究兴起。

哈雷尔等（Harrell et al.，1997）最早进行了自然资源资产证券化研究，随着研究深入，基础资产范围不断扩大，主要涉及矿产资源、水资源、绿色能源、林业资源及土地资源等，也有学者开始关注海域使用权资产证券化研究。

在矿产资源类资产证券化研究方面，哈雷尔等（Harrell et al.，1997）

进行了标的物为石油天然气销售款的证券化研究，通过对比资产证券化与其他传统融资方式，发现石油天然气公司本身拥有多种能够证券化的资产，其中石油天然气销售款是最优资产，指出证券化产品未来现金流可能来自不同种类的石油天然气收益，并对自然资源资产证券化资产池构建进行初步设想，剖析石油天然气资产证券化潜在风险。陈端计（2001）深入研究了制约西部矿产资源资产证券化的因素并提出相应对策建议。王艳龙（2012，2013）构建了企业实施矿产资源资产证券化中具体决策的微观模型，借鉴国内外自然资源资产证券化实践经验，设计了矿产资源资产证券化结构模型与运作流程，提出了配套措施。赵勇（2016）以陕西省矿产资源开发企业为例，具体分析了证券化模式、交易结构及产品价值关键影响因素。

在水资源资产证券化研究方面，吴家希（2016）、霍林西德（Hollinshead，2008）从以“水资源优劣指数”方式选择水资源资产证券化标的资产、水资源资产证券化产品流通方式及以未来收益作为水资源定价准则进行水资源资产证券化产品定价三个角度分析研究了国家水资源资产证券化可行性，深入探讨了不同水资源资产证券化模式的优劣，为国家建立水资源资产证券化市场探索了现实路径。

在绿色能源资产证券化研究方面，朱晋（2017）、马彬（2016）、阿拉菲塔和皮尔斯（Alafita & Pearce，2014）认为融资成本过高是限制绿色能源资产利用的重要因素，采用资产证券化能够显著降低融资成本，并评估了绿色能源资产证券化可行性。吕波（2014）分析了绿色能源资产证券化组成要素，并以案例分析方式提出绿色能源资产证券化运作流程。吴杰（2007）选取绿色能源供应链作为证券化研究对象，构建了反映中国绿色能源安全政策演化的理论框架。

在林业资源资产证券化方面，潘焕学（2006）进行了开创性研究，重点分析森林资源资产证券化的实施条件与作用。宋晓梅（2013）、孙蔚琳（2015）系统比较了林地投资、林业投资基金、森林资产证券化三类林业融资模式的优劣，选取适合我国现有林业投资环境的模式。梁宇骐（2016）进行了林业资源资产证券化风险分析并提出控制建议。

在土地资源资产证券化研究方面，王克强（2001）较早研究了土地资产证券化，设计政府发行市政证券、土地储备贷款证券与土地收益债券三种证券化模式，进一步说明证券化步骤及其可行性。梁文（2008）构建了土地专项资产管理计划，运用模糊评价法建立风险指标体系并全面分析土地资产证券化风险，采用层次分析法构建融资效率评价模型，对比该专项管理计划与土地抵押贷款资产证券化融资效率，发现前者融资效率更高。陈霄（2010）针对土地资产支持证券模式、信用增级方式及定价进行了深入研究。

目前，涉及海域资源资产证券化的研究刚刚起步，主要集中于港口资产证券化。叶维（2005）、李娜（2007）从港口供求现状、运营资金来源、投融资模式及融资政策等角度分析港口资产证券化必要性及可行性，探索比银行贷款与外资投入更合适的融资方式，破解资金投入不足困局。彭伟（2015）重点分析了港口资产证券化三种特殊目的机构（special purpose vehicles，SPV）模式的优劣，提出针对我国港口资产证券化的对策建议。王思远（2016）选择公司模式 SPV 进行港口资产证券化定价研究，以天津港为例，依据股票价格数据计算静态利差进行产品定价，港口资产证券化研究从定性研究转向定量研究。

1.2.2 资产证券化产品定价方法研究

证券化产品定价常用方法主要有贴现现金流法、期权调整利差法、静态利差法、蒙特卡洛模拟法等，下面就不同方法的研究进行分类综述。

1. 贴现现金流法

贴现现金流法的关键是求出资产支持证券内含收益率，并将资产支持证券未来现金流通过这一内含收益率折现，其现值就是资产支持证券现价。

陈永华和毕玉升（2008）采用贴现现金流法对抵押贷款证券化产品定价，在采用 Cox－Ingersoll－Ross（CIR）随机利率模型与动态提前偿付模型基础上，运用蒙特卡洛模拟法刻画提前偿付行为。陈虹宇（2014）分析了制约地方城市商业银行资产证券化的现实因素，其中很重要的一点是在运用贴现现金流方法时，需要考虑提前偿付及资本市场运行情况等因素，当地缺乏基础资产定价能力。王金媛等（2016）采用贴现现金流法对住房抵押贷款支持证券定价，采用不同权重加权平均法刻画提前偿付率，并依据不同期限国债收益率确定贴现因子。李阳（2008）分析了高校贷款资产证券化可行性，因证券化资产组合具有共同特征，采用贴现现金流法能够实现产品定价。詹志魁和秦威（2013）研究了采矿权证券化，首先利用期权方法估计采矿权价值，其次采用蒙特卡洛模拟法预测资产池未来现金流，利用贴现现金流法进行产品定价。罗天勇和阮仁辉（2012）设计了矿产资源储量证券化产品，考虑我国资产证券化实际情况，采用贴现现金流法对资产支持证券定价，其中贴现率选取矿产资源内部收益率。

2. 期权调整利差法

期权调整利差法考虑利率随机波动情况，将提前偿付权利看作利率下限期权，在多条路径下计算证券化产品价格，赫尔和怀特（Hull & White, 2004）、埃里克森和雷诺（Ericsson & Renault, 2006）、潘和辛格尔顿（Pan & Singleton, 2008）、刘等（Liu et al., 2009）、车辚（2012）均使用期权调整利差法进行了证券化产品定价研究。然而，期权调整利差法严重依赖随机利率波动模型，无法判断哪种波动模型更加优越。

徐东（2006）综合分析了贴现现金流法、静态利差法与期权调整利差法在基础设施资产证券化定价中的利弊，认为期权调整利差法考虑利率动态变化对提前偿付与现金流量的影响，能够提高定价的精确性。吴云和何建敏（2006）运用期权调整利差法对租赁资产证券化产品定价，基于 Vasicek 随机利率模型，对资产支持证券内含的美式期权定价，证券化产品价值即为不含权证券价值减去美式期权价值。王晨宇（2009）认为在使用期权调整利差法对抵押贷款证券化产品定价过程中，除去利率相关期权外，同样包括与房价相关的期权，二者共同决定期权调整利差。

3. 静态利差法

静态利差法在贴现现金流法基础上考虑利率期限结构作用，确定的折现率更为精准，现有资产证券化产品定价研究中，还较少采用静态利差法。

张媛等（2007）运用静态利差法确定固定利差，运用蒙特卡洛模拟法确定浮动利差，将两种情况对比分析得出具有一定适应性的结论。目前海域使用权资产证券化研究较少，且现有研究基于静态利差法进行海域资源资产证券化定价时，是依据股票市场价格而不是债券市场价格确定证券化产品静态利差。

4. 蒙特卡洛模拟法

蒙特卡洛（Monte Carlo）模拟法的核心是通过计算机抽取随机数实现模拟，利用大量模拟实验得到事件发生频率，进而确定事件发生概率。现有蒙特卡洛模拟技术主要有马尔科夫链蒙特卡洛方法（Markov chain Monte Carlo method，MCMC）、交互蒙特卡洛方法（hybrid Monte Carlo method，HMC）、序贯蒙特卡洛方法（sequential Monte Carlo method，SMC）、网格蒙特卡洛方法（multigrid Monte Carlo method，MGMC）等，这些技术应用范围广，在物理学、计算机科学、金融与经济学等诸多领域均有应用，因模拟需要大量样本数据，学者们更关注模拟效率问题。

梅特罗波利斯等（Metropolis et al.，1953）最早提出 MCMC 技术中的 Metropolis 模拟算法，因计算机技术受到限制，该研究停滞近 20 年。直至 20 世纪 70 年代，黑斯廷斯（Hastings，1970）将 Metropolis 模拟算法进行完善并推广，提出 Metropolis – Hasting（M – H）模拟算法，奇夫和格林伯格（Chib & Greenberg，1995）更加细致地阐述了该方法，之后杰曼（Geman，1984）提出了 Gibbs 模拟算法。盖尔芬德和史密斯（Gelfand & Smith，1990）研究表明 Gibbs 模拟方法在诸多形式的后验分布中都适用，此后在统计学中也得到较为广泛的应用，各种改进模拟算法随之出现，如格林（Green，1995）的逆跳 MCMC 算法、路易斯和拉夫特里（Lewis & Raftery，1997）的 Laplace – Metropolis 算法、孟和汪（Meng & Wong，1996）的 Bridge 模拟方法等。随着计算机科技的进步，采用 MCMC 方法与其他改进模拟算法解决模型中的参数估计问题显得较为简单。在经济金融领域中，艾伦比和伦克（Allenby & Lenk，1994）利用 MCMC 方法研究了居民购买行为特征，斯克尔尼克（Scollnik，1995）应用该方法进行了服从广义泊松分布模型的索赔频率数据贝叶斯分析，帕伊（Pai，1997）将 MCMC 方法拓展至复合部分。

综合来说，在贴现因子选择方面，贴现现金流法使用固定贴现因子，拟合精度较低，其他方法使用动态贴现因子，拟合精度较高。此外，期权调整利差法需要大量真实提前偿付信息；静态利差法不需要，而且可以实现不同优先级产品差别定价，但是无法模拟产品违约及提前偿付情形；蒙特卡洛模拟虽不能实现差别定价，但是可以模拟违约及提前偿付情况。目前，海域使用权资产证券化产品较少，真实提前偿付信息不足，因此，可以综合使用静态利差及蒙特卡洛模拟两种方法定价。现有研究采用静态利差法进行海域资源资产证券化产品定价时，是依据股票市场价格确定债券静态利差，依据企业债券市场价格确定静态利差将更合理。

1.2.3 资产证券化产品信用风险研究

信用风险是指借款人没有根据协议按时偿还债务，从而造成债权人损失的可能性。塞贝诺扬等（Cebenoyan et al.，2004）通过分析发现，信用风险管控失败是导致银行破产的最常见因素。对于资产证券化中的信用风险来说，贝克特（Becketti，2009）认为，美国早期资产证券化由全国抵押担保协会为其提供担保，抵押担保债券的信用等级与国库券的信用等级几乎一致，基本不会存在信用风险。但是，随着金融市场发展，证券化基础资产越来越多样化，不只局限于住房抵押贷款，还开始向企业应收账款、林业资源、港口资源、工商企业贷款等领域拓展。由此，资产证券化发起人和担保人不再全部由政府部门充当，而是部分或者全部逐渐转移给一些私人机构。这些私人机构的信用等级显然远低于国家担保机构，参差不齐的信用水平带来的信用风险逐渐显露。正如托马斯（Thomas，2001）提到的，资产证券化一直与金融机构的贷款息息相关，而这些贷款本身就有潜在且可测度的信用风险。

1. 信用风险影响因素研究

影响证券化信用风险的因素主要有资产证券化各参与方、基础资产池及其他违约因素三方面。

（1）对资产证券化各参与方的研究。

赵胜来和陈俊芳（2005）通过分析资产证券化信用风险的产生原因，指出信用风险产生于与资产证券化交易过程相伴的信用链结构，即当证券化基础资产未来现金流不足以及时支付证券本金和利息时，就会产生信用风险。在资产证券化整个交易过程中，投资者最依赖资产证券化产品的承销商，如投资银行和代表投资者管理交易的受托人。在合约到期前的任何时刻或在可接受的替代方接任之前，承销商和受托人两者任何一方放弃或违背约定都会给投资者带来风险，具体可分为承销商风险和受托人风险。承销是投资者为了防范基础资产组合恶化而采取的主要手段，承销商可以通过支付行为直接影响相关潜在合约的执行；受托人经营状况不会直接影响由资产组合带来的未来现金流稳定性，但它却在很大程度上决定了该产品交易后资金的安全性以及将本息转给投资者的及时性。杨宽和王丹（2008）有更一般的看法，他们认为，只要参与证券化交易的任何一方发生了违约，信用风险就会发生。

（2）对基础资产池的研究。

证券化产品基础资产池质量是影响信用风险的关键因素，对资产池信用风险评估是对资产证券化信用风险评估的重要途径。

资产证券化产品是否违约直接取决于债务人的还本付息能力，也就是说资产支持证券的信用风险主要取决于基础资产池盈利水平。蒂昂妮和哈尔沙维（Dionne & Harchaoui，2003）通过研究银行资产证券化信用风险，发现开展资产证券化业务与银行资产信用风险之间存在正相关关系，即证券化过程会加大信用风险。一般情况下，银行机构更倾向于持有优质且低风险的证券化资产。凯恩（Kane，2012）持有相反观点，他指出，在过去十几年，美国银行更倾向于在所有资产中选择质量最差的抵押贷款进行证券化。

辛等（Sing et al.，2004）发展了一种新方法，即用互换框架原理衡量新加坡资产支持证券中的信用风险，他们认为资产支持证券基础资产是原始债务人持有的一种以浮动利率进行支付的债务，而证券化产品具有固定利息率，在证券化过程中存在着浮动利率和固定利率的互换。基于基础资产这种特性，可以利用互换定价原理进行信用风险测度。阎庆民和蔡红艳（2005）认为债券信用风险若想保证在一个安全范围内，最重要的是具有能产生稳定现金流的资产组合。不良资产证券化资产总体质量较差，缺乏流动性和稳定性，单笔资产回收率不确定，但其组合起来的基础资产池作为一个整体，具有确定的回收率，通过组合基础资产，资产池可以达到相关要求，从而降低信用风险。因此，他们将不良资产池变现收入分布依次假设为正态分布、对数正态分布和真实分布，并在这三种情况下对不良资产证券化信用风险进行评估。

（3）对其他违约因素的研究。

除了各参与方和基础资产池外，还有其他违约因素会造成信用风险或者加剧信用风险，相关文献主要有以下观点。

乔治和弗斯滕伯格（George & Furstenberg，1995）认为决定信用风险的主要因素是贷款价值比、房地产类型及抵押贷款期限，并且违约率在贷款发放后的 3 ~5 年将达到最大值。

刘春红（2000）以上海从事住房抵押贷款较有代表性的一家支行为研究对象，抽样选取了 170 个样本贷款（其中违约样本 84 例）对中国房地产抵押贷款信用风险进行分析，结果表明，影响个人住房抵押贷款违约的因素来自宏观环境和微观因素。一般宏观环境会影响所有借款人，银行会综合考虑整个房地产市场和金融市场的风险，而微观因素主要是个人品质、能力、资本担保、条件，还包括贷款期限、贷款利率和还款方式等。宋瑞波（2004）认为，影响资产证券化信用风险的因素主要有三种，即参与方每一个契约关系的顺利执行、各参与方的诚信行为和证券化产品结构设计的合理性。弗里格斯坦和戈德斯坦（Fligstein & Goldstein，2010）则通过研究美国住房抵押贷款资产证券化信用风险问题，认为政府机构、银行体系、投资者等对证券化市场形成机制的认识不够，并提出政策性建议来规范证券化市场。

除以上因素外，李悦等（2014）根据委托代理理论，扩展了资产证券化对银行稳定性影响的模型，从银行风险承担水平及监督努力水平两方面来研究资产证券化对银行稳定性的影响。研究发现，总体而言，若资产证券化提高了通常时期和危机时期的银行资产流动性，会提高银行风险承担水平、增大单个银行风险。

2. 信用风险测度研究

信用风险测度是信用风险管理的主要工作之一。传统信用风险测度方法主要包括分级法和专家打分法。早期信用风险测度主要采用分级法，以信用评级机构的信用等级划分为代表。专家打分法建立在长期从事信贷业务并具有丰富授信经验的信用管理主体（即专家）的个人经验和分析判断基础上，通过对宏观经济、受信方所在行业、财务状况、历史交易记录及个人品质等方面进行主观判断、测度，确定债务人信用风险。

同传统信用风险测度方法相比，现代信用风险测度模型建立在期权定价理论和资产组合管理理论基础上。经典信用风险测度模型包括：（1）以信用矩阵模型（Credit Metrics Model）（Morgan，1997；Smith，2014）与信用组合观点模型（Credit Portfolio View Model）（Wilson，1998；Derbali & Hallara，2014）为代表的信用转移分析模型。（2）以信用监测模型（Credit Monitor Model，即 KMV 模型①）（Kealhofer & Bohn，1993；杨秀云等，2016）为代表的结构模型，其允许公司权益和债务共同分割公司资产价值。这类模型经历了两个阶段，第一阶段的模型为公司资产定价提供了基本框架，揭示了公司违约的触发机制。布莱克和舒尔斯（Black & Scholes，1973）首次正式将股权视为基于公司资产价值的看涨期权。其次，默顿（Merton，1974）提出企业债券定价模型，推广了企业债务风险模型的结构化方法，但初期模型假设比较严格，他假设企业拥有单一债务结构，债券到期日企业价值低于一定边界（企业破产边界）时企业违约。该模型的第二阶段改进了第一阶段关于只有到期才能发生违约这一假设的不足，它认为只要是达到了违约触发点，违约可以发生在到期前任意日期。如佩尔利和尼达（Perli & Nayda，2004）考虑到如果一个债务人的资产低于某个阈值，那么他就处于违约状态，进而采用完全与企业模型相同的方法来循环离散信用。杜本峰（2011）在 KMV 公司所研发的信用风险测度模型基础上，应用实值期权理论来评估信用风险。（3）以信用风险附加模型（CreditRisk +）（Wang et al.，2015）为代表的基于保险精算法的模型。（4）以镰仓（Kamakura）模型为代表的简化模型，其利用市场易于获取的基本信息对信用风险进行计量，既回避了结构法模型关于短期信用价差趋近于零的问题，又便于信用风险测度，使该类模型具有较强操作性，但模型也暗含着同一信用等级的公司拥有相同信用风险。达菲和兰多（Duffie & Lando，2001）的研究最先发现，通过限制市场参与者的信息，结构法模型可以转换为简化法模型。马登和于纳尔（Madan & Un-

① 该模型由著名风险管理公司 KMV 公司开发，故称 KMV 模型。

al，2000）提出了关于资产价值和负债的模型，当随机发生的损失大于股权价值时，违约就会发生；吉塞克（Giesecke，2006）将这一观点运用到违约障碍不可观测的情况下；科林－迪弗雷纳等（Collin-Dufresne et al.，2002）研究中假设投资者收到有关资产价值的滞后信息。但是，达菲和兰多（Duffie & Lando，2001）采用实证分析方法发现简化法模型无法解释观测到不同信用等级横截面之间的信用差期限结构。

各类信用风险测度模型均有其适用条件，除 KMV 模型外，上述模型都需要大量违约概率历史数据。默顿（Merton）将期权定价理论运用于风险贷款和证券投资，KMV 模型是基于这一思想开发出的一种实用高效的测度上市公司信用风险的方法，基本思路清晰，方法框架使用方便，最重要的是，不需要大量违约概率历史数据。达菲和王（Duffie & Wang，2004）研究发现，利用 KMV 模型可以生成一种违约概率期限结构，非常有效地预测企业预期违约概率。谢邦昌（2008）表明，KMV 模型能够较好地甄别不同行业的信用风险，是目前最适合我国上市公司的信用风险测度模型。随后，顾巧明和邱毅（2014）用改进的 KMV 模型研究了地方政府债券发行和违约率之间的关系，并用 2010～2012 年的数据对深圳地方政府债券信用风险进行模拟测度，得出了合理发债规模。

海域使用权证券化刚刚起步，缺乏产品违约概率历史数据等信用信息，采用 KMV 模型比较合适。但是，现有 KMV 模型是利用布莱克—舒尔斯—默顿（Black－Scholes－Merton）金融期权方法确定基础资产价值。当基础资产为海域使用权等实物资产时，使用实物期权法而不是贴现现金流法确定基础资产价值更合理（闻德美，2016）。现有研究确定基础资产价值时主要基于贴现现金流方法，该方法忽略了投资不确定、不可逆和可延迟性特点及其产生的期权时间价值。现实是，大量存在的投资不确定、不可逆和可延迟性使海域使用权投资具有期权时间价值，实物期权法以投资不确定、不可逆和可延迟为前提，能够弥补贴现现金流法上的缺陷，据此初步确定海域使用权证券化基础资产价值更合理。

1.2.4 文献述评

通过文献梳理可以看出：资产证券化起源于 20 世纪 60 年代初美国住

房抵押贷款市场，相关研究涉及住房抵押贷款、应收账款、知识产权及高速公路收益权（闫妍等，2016）等领域。自然资源领域资产证券化研究主要涉及矿产资源资产、水资源资产、绿色能源资产等具体领域，国内外学者在证券化模式、风险识别及测度、产品定价等方面进行了研究。产品定价方面，多数研究采用较为简单的贴现现金流法，在有历史数据积累的领域采用期权调整利差法，少数采用静态利差法。总体而言，期权调整利差法定价精度最高，但需要大量真实提前偿付数据与违约数据，多数领域尚未对此进行积累，应用范围并不广泛；相比贴现现金流法，静态利差法能反映利率期限结构作用，实现高拟合精度定价。

对证券化信用风险测度的研究主要基于各模型发展阶段、假设条件的逐步完善及实证分析方面，没有可以直接用于海域使用权证券化信用风险测度的模型。现有 KMV 模型利用金融期权方法确定基础资产价值，基础资产为海域使用权资产等实物资产时需要改进。

综上，学术界就资产证券化产品定价方法及信用风险测度进行了富有见地的研究，为本书奠定了坚实的基础，但在以下方面存在进一步研究的空间：第一，海域使用权证券化领域研究刚刚起步，且贴现现金流法不能合理确定基础资产价值；第二，依据债券而不是股票市场价格，确定静态利差进行资产证券化产品定价更合理；第三，现有 KMV 模型利用金融期权方法确定基础资产价值，基础资产为海域使用权等实物资产时需要改进。为此，本书尝试进行如下海域使用权证券化研究：以实物期权法确定基础资产价值，采用基于债券市场价格的静态利差法进行海域使用权证券化产品定价，改进 KMV 模型进行信用风险测度，提出信用风险管理建议。

1.3 研究内容与方法

本书试图研究海域使用权证券化中的两个主要问题：定价及信用风险测度。具体研究框架如图 1.1 所示。

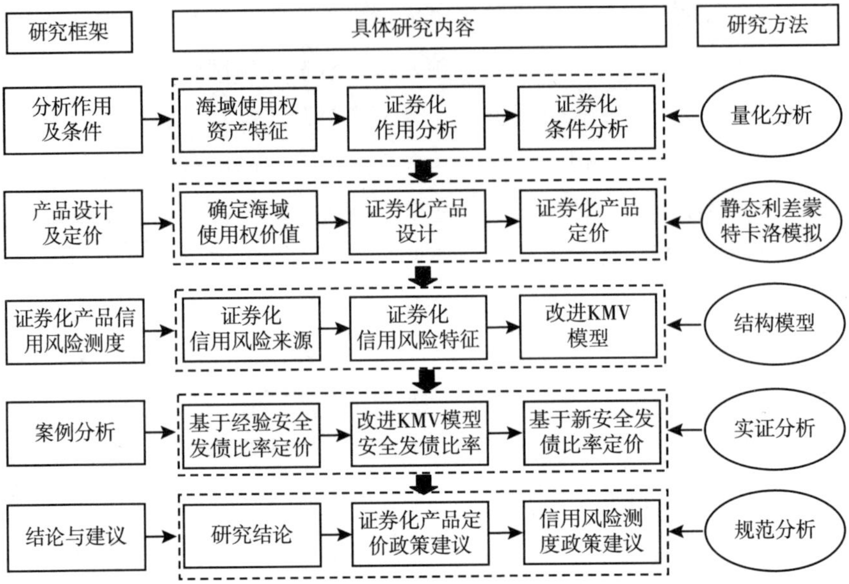

图 1.1　本书研究框架

1.3.1　研究内容

（1）海域使用权证券化特征及作用与条件分析。首先，总结海域使用权资产特征；其次，从拓宽融资渠道与分散发起人风险两个角度，阐述海域使用权资产证券化作用；最后，分析证券化条件，从微观基础与宏观条件两个维度分析证券化条件。

（2）海域使用权证券化产品设计。首先，基于实物期权法确定基础资产价值；其次，说明产品设计目标、原则；最后，进行产品具体设计，旨在说明产品类型、确定产品要素。

（3）海域使用权证券化产品定价。主要包含三部分内容：第一部分梳理定价影响因素及影响机制；第二部分采用静态利差法进行投资级资产证券化产品定价；第三部分采用蒙特卡洛模拟法进行投机级资产证券化产品定价。

（4）海域使用权证券化产品信用风险管理。首先，从基础资产、发起人和第三方机构来分析证券化信用风险来源；其次，从累积性和系统性两方面分析信用风险特征，结合信用风险来源确定信用风险测度对象；最后，依据实物期权法确定基础资产价值，并运用信用扩散技术校正基础资产价值，基于改进的 KMV 模型进行海域使用权证券化产品信用风险测度。

（5）案例研究。本书以山东半岛三处填海造地用海项目组建资产池，基于实物期权法进行基础资产池价值核算，进行海域使用权证券化定价及产品信用风险测度案例研究。

1.3.2 研究方法

（1）实物期权法。基于实物期权法确定海域使用权证券化产品基础资产价值，以反映其期权时间价值及投资高风险特点，弥补贴现现金流法缺陷。

（2）静态利差法。采用静态利差法进行投资级海域使用权证券化产品定价，实现真实提前偿付信息不足条件下的高拟合精度定价。

（3）蒙特卡洛模拟法。采用蒙特卡洛模拟法模拟利率随机波动条件下的提前偿付与违约情况，进行投机级海域使用权证券化产品定价。

（4）结构模型法。KMV 模型是测算预期违约概率的结构模型。根据海域使用权证券化的特殊形式和运作特点对 KMV 模型进行适当的改进；运用改进的 KMV 模型测度海域使用权证券化信用风险，并根据信用评级与预期违约概率的关系，确定安全发债比率及规模。

（5）信息扩散技术。通过信息扩散技术构造信息扩散函数校正海域使用权价值。具体是用信息分配法估计海洋自然灾害风险源强度的概率分布函数，用正态信息扩散法估计受灾海域的脆弱性函数，二者结合估计海洋自然灾害概率风险，据此校正海域使用权价值。

1.4 主要创新点

1.4.1 基于实物期权法和信息扩散技术确定、校正海域使用权价值

实物期权法以海域使用投资的期权时间价值为前提，能够弥补静态贴

现现金流法忽略投资不确定性、不可逆性和可延迟性特点及其产生的期权时间价值等缺陷。信息扩散技术可以通过评估海洋自然灾害概率风险校正海域使用权价值。两者相结合确定、校正海域使用权价值，可以避免忽略期权时间价值、不能反映海洋自然灾害导致的高风险等问题。

1.4.2 根据企业债券市场价格计算静态利差

当前资产证券化产品多为分级债券，与股票差异较大，而且分级债券有不同优先级，依据不同优先级债券市场价格而不是股票市场价格计算静态利差，进行不同优先级证券化产品定价更合理。

1.4.3 改进 KMV 模型测度信用风险

因基础资产为实物资产，对 KMV 模型加以改进，依据实物期权法而不是金融期权法确定基础资产价值，并运用信息扩散技术校正基础资产价值。基于实物期权法和信息扩散技术的 KMV 模型具有动态性和前瞻性，能够更准确地测算不同发债规模的预期违约概率，结果更精确。

第 2 章

相关概念界定与理论基础

2.1 相关概念界定

2.1.1 海域

海域是海洋中人为划定的一块区域。与“海洋”一词不同，海域更多的时候是一个法律用词。《联合国海洋法公约》将海洋分为国家管辖海域和公海。其中，国家管辖海域包括法律地位不同的内水、领海、毗连区、专属经济区和大陆架区域，国家主权及于领海上空及其海床和底土；公海是不包括在国家专属经济区、领海或内水或群岛国的群岛水域内的全部海域。可见，在国际法意义上，海域涵盖了人类活动可以作用的一切海洋区域，范围相当广泛。

除了国际法意义上的海域外，还有国内法意义上的海域（包括公法和私法）。国内公法意义上的海域是指一国享有主权的内水、领海以及享有一定管辖权和资源主权权利的毗连区、专属经济区和大陆架的总称；

而国内私法意义上的海域是指具有独立经济价值、可以通过经纬度所定位的“四至”坐标加以特定化的海洋区域，范围应包括我国内水、领海的水面、水体、海床和底土（徐祥民等，2009）。本书使用国内法意义上的海域。

2.1.2 海域资源

国内对海域资源的界定主要有狭义与广义两种观点。狭义的观点认为海域资源仅指海域中对人类有使用价值的物质与能量，不包括生态系统服务。与陆地资源相对应，海域的海面、水体、海床和底土都蕴藏着不同种类的资源，例如，海面有娱乐资源、港口资源，水体中有渔业资源，海床和底土有矿产资源等。所以海域资源主要包括：生物资源（包括海洋动、植物资源）、非生物资源（包括油气、矿产和海水资源等）、空间资源（包括海岸、海岛、海面、海域及海底水体空间资源等）和可再生性能源（包括潮汐能、潮流能、波浪能及海洋风能、温差能等）（苗丰民和赵全民，2007）。

广义的观点认为生态系统服务也是一种海域资源，海域资源指赋存于海域范围内，可供人类开发利用并产生经济价值的，可以满足或提高人类当前和未来福利的物质、能量、空间及支持人类生命活动和社会发展的功能性服务，包括物质资源（海洋生物、矿产、海水资源等）、空间资源（港湾航道资源、岛屿资源、景观资源、滩涂资源等）、环境容量功能和生态服务功能（气候调节、气体调节、生境维持、干扰调节等功能）等（李京梅，2010）。

本书持广义的观点，认为海域资源主要包括海域[①]范围内的物质资源（如海水中的化学物质、海底矿产、海洋生物等）、空间资源（如海水水面、水体及其下海底、海岸带、海岛等）、海洋能源（如潮汐能、潮流能

① 公法意义上的海域。

等）和海洋生态系统服务[①]等资源（闻德美等，2014）。

2.1.3　海域使用权

海域属于海洋国土的范畴。根据《联合国海洋法公约》和《中华人民共和国领海及毗连区法》的规定，国家对内水和领海享有主权。然而，海域物权并非国家主权。主权是公法上的权利，而海域物权则是一国行使主权、通过财产法制度对海域实施支配和安排的结果，属于私权的范畴。

海域使用权是指民事主体依法取得的、对国家所有的特定海域享有的排他性权利，包括占有、使用、收益等职能，具有物权的支配性、排他性与绝对性，且海域使用权能够而且应该商品化，建立以海域物权为中心、以市场交易规则和相关管理规范为主体的海域法律制度已成为我国法律工作者、海域管理者和研究工作者的共识。

从海域的自然属性看，它与土地类似，海域使用权的实现是以对海域空间资源的占有为条件，海域使用权人的目的在于对海域的开发、利用、收益等，海域的利用也主要在于海域自身物理价值开发，此外，海域使用权具有的明显的支配性、排他性与绝对性，是典型的物权特征。

---

① “生态系统”服务一词首次出现是在20世纪70年代，还是一个较新的术语，不同学者对其有不同的理解，主要观点可概括为广义和狭义两种。广义上，比较有代表性的是戴利（Daily，1997）、科斯坦萨等（Costanza et al.，1997）和千年生态系统评估项目组（2003）（Millennium Ecosystem Assessment，MA）的定义。其中，MA认为生态系统服务是指人类从生态系统获得的各种收益。为了便于操作，MA将生态系统服务划分为供给服务（如食物和水）、调节服务（如调控洪涝、干旱、土地退化和疾病）、文化服务（如消遣、精神、宗教及其他方面的非物质收益）和支持服务（如土壤形成和养分循环）四大类，虽然有些类型之间可能会存在重合的部分。MA的定义继承了科斯坦萨等（Costanza et al.）定义中把自然生态系统和人工生态系统都作为生态系统服务来源的理念；同时又继承了Daily定义的做法，使用“服务”这一术语，包括人类从生态系统获得的有形收益和无形收益（科斯坦萨等学者的定义中，一般将“产品”和“服务”分开，使用“生态系统产品和服务”）。狭义的生态系统服务主要包括调节、支持服务，本书使用狭义的概念。参见：Daily G. C. Nature's Services：Societal Dependence on Natural Ecosystems［M］. Washington D C：Island Press，1997. Costanza R.，D'Arge R.，Groot R. D.，et al. The Value of the World's Ecosystem Services and Natural Capital［J］. Nature，1997，387（6630）：253－260. 千年生态系统评估项目组. 生态系统与人类福祉：评估框架［M］. 张永民译. 北京：中国环境科学出版社，2003.

2.1.4 资产证券化

资产证券化的概念和市场实践始于20世纪60年代的美国住房抵押贷款市场，为解决储贷协会资金短缺问题，美国联邦政府支持机构（Government Sponsored Enterprises，GSE）大规模发行住房抵押贷款支持证券MBS（Mortgage－Backed Security）；同时，美国利率市场化和银行跨州设立分支机构禁令的取消导致商业银行必须进行金融创新来增加利润；加之高信用评级资产的风险权重过低促使银行以证券化方式进行监管套利，这一系列原因促进了资产证券化的兴起。

美国投资银行家路易斯（Lewis）1977年首次明确提出资产证券化的概念，到20世纪80年代中期，资产证券化这个说法开始在各媒体和财经报告中频繁出现。有学者认为，资产证券化是由发起人将自己拥有的资产出售给特定目标公司，由目标公司组合成资产池，以资产池产生的资金流为支撑发行证券。也有学者认为，资产证券化的经济本质是一种融资方式，法律本质是一种民事权利相互转化的过程。

本书认为所谓资产证券化，是由发起人将各种同质但缺乏流动性的实体资产、信贷资产、证券资产及现金资产等能产生未来预期现金流的资产出售给特殊目的机构（SPV），借助于SPV将资产汇集成资产池，并对基础资产未来预期现金流进行结构化设计，资产池被重新打包并分割成标准化证券，在资本市场向投资者销售以募集资金的过程。资产证券化得益于较高的未来收益可靠性，并通过“破产隔离”和“信用增级”等技术手段保护投资者利益，加强了信贷市场、货币市场和资本市场三个相对独立金融市场的联系，是一种新型融资工具，可显著降低资产组合的加权风险，并增强资产流动性。

2.1.5 信用风险

从经济学角度来看，信用是在商品或者服务交易过程中允诺在将来付款的行为，也指以还本付息为条件的货币借贷行为，既不必提供相关书面保证，也不必立即支付款项。由此，伴随延期付款或者货币借贷行为产生的信用风险是指市场交易一方不愿或者无力履行合同义务而导致交易对方发生损失的可能性。对于资产证券化信用风险，还包括证券化资产信用评级下调和债务人履约能力变化导致产品市场价值变动带来损失的可能性。本书从基础资产质量角度考虑海域使用权证券化的信用风险，即考虑基础资产带来的未来现金流稳定性来判断信用风险。

2.2 理论基础

2.2.1 信息不对称理论

传统经济学总是在完全信息条件下考虑市场的供给和需求均衡，即考虑的是一种参与者不投机、不作弊的无摩擦经济环境，但在更多情况下，市场参与者往往掌握信息优势而谋求额外的利润，或最终影响产品价格或产出。就资产证券化而言，参与主体较多，可能存在利益冲突，需依据信息经济学理论中信息不对称理论设计合理的证券化制度，才能避免或减少因逆向选择或道德风险等造成的严重后果。

1. 理论内容

信息不对称理论是英国剑桥大学教授詹姆斯·莫里斯和美国哥伦比亚大学威廉·维柯瑞在信息经济学中提出的重要理论。他们分别在20世纪60年代和70年代，揭示了信息不对称对交易所带来的影响，并提出了相应对策。此后30多年来，信息不对称理论在经济活动中的作用越来越大。

所谓不对称信息，就是在相互对应的经济人之间不作对称分布的有关某件事件的知识或概率分布。通常可以表现为：（1）静态所具有的信息不一致，或因知识结构差异，使得获取信息的成本形成较大差异；（2）由于对共同信息的价值认知不同，对于相同信息，不同市场参与者具有不同的价值判断；（3）对未知信息的动态获取或预知期望呈显著差异，也能形成信息不对称。

信息不对称的例子较为普遍。如股东将企业的日常决策权和管理权委托给企业经理，因为只有经理了解企业的经营状况；保险公司向客户提供保险，因为只有投保人自己知道被保物品的信息；投资者将自己资产的经营权委托给经纪人，而后者更了解投资前景；等等。具有信息优势的一方在市场交易过程中将风险转移给信息劣势的一方，从而实现自身收益最大化。

信息不对称可以从两个角度划分：一是不对称发生的时间；二是不对称信息的内容。从不对称发生的时间看，不对称性可能发生在当事人签约之前，也可能发生在签约之后，分别称为事前不对称和事后不对称。研究事前信息不对称的博弈模型称为逆向选择模型，研究事后信息不对称的博弈模型称为道德风险模型。从不对称信息的内容看，不对称信息可能是指某些参与人的行动，也可能是指某些参与人的知识和信息，分别称为隐藏行动和隐藏信息。

2. 金融领域应用

金融市场的信息不对称意味着融资方、投资方所拥有的信息是不一致的，融资方具有信息优势，而投资方需要评估融资方的信息，以确定报价。这种信息的获取是需要代价的，如果投资者无法获取相关信息，或者信息获取成本太高，或者由于本身知识、技术的局限性无法对获得的信息进行正确评估，那么投资者的报价将大大低于融资者的实际价值。信用评级可以降低信息不对称程度及信息成本。

在证券化过程中，信用评级之所以能够降低信息不对称程度，关键在于以下两点。

第一，相比单个投资者，信用评级机构利用其专业知识和经验进行信用评估，可以通过专业化优势和规模经济来降低信息不对称程度和信息成本。证券化的信用评级主要包括：证券化资产的信用评估、证券化融资结构的法律评估、服务商评估，这些评估均是非常专业的业务，不是一般投资者所能完成的；专业评级机构具有自身的专业知识和经验，加上规模经济效应，投资者使用信用评级结果投资可以大大降低信息不对称程度和信息成本。

第二，信用评级机构的声誉机制对减少信息不对称具有重要影响。信用评级机构一般由融资者聘请，那么如何保证信用评级机构在评估过程中保持独立、客观的态度至关重要。即信用评级机构的声誉资本在决定信用评级机构的自律性方面起决定性的作用。信用评级机构的声誉资本是指能为信用评级机构带来财富收入的声誉度和被资本市场认可的程度。声誉资本是一种风险资本。声誉资本能够为信用评级机构带来财富收入。声誉和市场认可度越高，收费也越高，创造财富的能力越强。同时，声誉资本的形成是一个逐步累积的过程。评级机构只有在日常评级中始终保持独立、客观的自律原则，培养自身业务专长，方能在市场上逐步建立声誉，提高自己的声誉资本。而弄虚作假则可能使声誉毁于一旦。通常，声誉资本越高，评级机构就越能保持自律，对于投资者而言，声誉度越高的评级机构所传达的信息越可靠。由此可见，资产证券化过程中，声誉度越高，评级机构的信用评级结果越能降低信息不对称程度。

此外，通过担保进行信用增级也可以降低信息不对称程度。信用增级是资产证券化过程中的重要环节。内部/外部信用增级意味着发起人或第三方承担证券化资产信用风险的第一损失，只有在第一损失超过信用增级的情况下，投资者才承担损失。因此，信用增级起到一个担保作用，有助于减轻道德风险，降低信息不对称。

2.2.2 资产证券化理论

本书研究海域使用权证券化定价及信用风险测度，资产证券化理论是本研究最重要的支撑理论和基石。资产证券化是将流动性不足但未来具有可预期收入的资产通过变通获得流动性，要实现这种转变需要机构来实现，即需要分离和重组资产中的风险与收益，并实现风险与发起人其他财产之间的隔离，然后以这些资产为抵押，以其未来收益为保障，在金融市场上发行可出售和流通的证券。本节从资产证券化原理与参与主体两个方面对该理论进行介绍。

1. 资产证券化原理

资产证券化原理可以分为一个核心原理与三个基本原理，核心原理是基础资产现金流分析，三个基本原理为资产重组原理、风险隔离原理、信用增级原理。

（1）核心原理。

基础资产的现金流分析为资产证券化的核心原理，是由现金流的基础作用决定的。资产证券化是以可预期的现金流为支持而发行证券进行融资的过程。可预期的现金流是进行证券化的先决条件，而不管这种现金流是由哪种资产产生的。所以，证券化表面上是以资产为支持，但实际上却是以资产所产生的现金流为支持的。换句话说，资产证券化所“证券化”的不是资产本身，而是资产所产生的现金流。因此，基础资产的现金流分析成为资产证券化的核心原理。

基础资产的现金流分析主要分析三个问题：资产的估价、资产的风险与收益分析、资产的现金流结构分析。一项资产要证券化，首先必须对其进行正确估价，如果没有对基础资产的正确估价，也就无法对证券进行正确定价，资产证券化也就无从谈起。资产证券化是利用金融市场对资产的收益与风险进行分离和重组的过程。资产收益来源于资产所产生的现金流，为了获得收益，资产的所有者要承担相应的风险。资产证券化是对既存资源的重新配置，使参与证券化的各方都从中受益。现金流之于证券化的基础作用还体现在：证券清偿所需资金完全来源于证券化资产所产生的现金流，即资产证券化具有“自我清偿”特征。基础资产所产生的现金流在期限和流量上的不同结构特征会直接影响到以其为支撑的证券期限和本息偿付特征。所以，在设计资产证券化产品时，必须首先对基础资产的现金流进行分析，在此基础上才能设计出既符合基础资产的现金流特征，又能满足市场投资者需求的产品。

（2）基本原理。

资产重组原理。资产的原始权益人在分析自身融资需求的基础上，根据需求确定资产证券化目标；然后，根据资产重组原理，对自己拥有的能够产生未来现金流的资产进行组合，形成资产池。资产重组原理的最重要内容是资产选择，因为并不是所有的资产都适合证券化。尽管资产证券化和股票、债券等这些融资方式都是以基础资产产生的现金流为支撑的，但它们的基础资产范围是有区别的。资产证券化的基础资产不是以某个企业的整体资产为支撑的，而是将其中适于证券化的某部分资产“剥离”出来，再将其“真实出售”给特殊目的机构（SPV），由该机构来进行证券化。而且，基础资产的范围不限于一家企业的资产，而是可以将许多不同地域、不同企业的资产组合为一个证券化资产池。

风险隔离原理。资产证券化中，通过风险隔离原理来实现破产隔离。在设立 SPV 后，原始权益人把基础资产出售给 SPV，这种出售必须是“真实出售”，即资产在出售以后原始权益人即使被破产清算，已出售资产也不会被列入清算资产的范围。通过这种安排，基础资产与原始权益人之间就实现了破产隔离。破产隔离是“风险隔离”的一种较强形式，是证券化交易的重要特征之一，也是交易是否成功的主要因素之一。破产隔离是指将基础资产原始所有人的破产风险与证券化交易隔离开来。这是资产证券化交易特有的技术，也是区别于其他融资方式的一个非常重要的方面。资产证券化已经将证券化的基础资产真实出售给特殊目的机构，而该机构一般是不易破产的，所以即使资产原始所有人出了问题，其风险也不会“传染”给证券持有者。证券化交易的风险与资产原始所有者的风险无关，只与证券化资产本身相关。

信用增级原理。根据信用增级原理提高资产支持证券的信用等级是资产证券化的一个重要特征。为吸引更多投资者并降低发行成本，SPV 必须对整个资产证券化交易进行信用增级，以提高发行证券信用级别。通过信用增级，可以缩小发行人限制与投资者需求之间的差异，使得证券的信用质量和现金流的时间性与确定性更好地满足投资者需求，同时满足发行人在会计、监管和融资目标方面的需求。信用增级的手段很多，主要可以分为外部增级和内部增级。外部增级的方式主要包括保险公司提供保险、企业担保、信用证和现金抵押账户等。大多数外部信用增级工具的主要缺点是容易受信用增级提供者信用等级下降风险影响。内部信用增级则避免了该类风险，其信用增级是由基础资产中所产生的部分现金流来提供的。内部信用增级的方式有建立次级档、超额抵押及利差账户。在实践中，大多数发行人使用内部与外部信用增级相结合的方式实现信用增级，本书也采用该方式。

2. 资产证券化参与主体

资产证券化作为一种结构融资方式，参与方较多，关系较为复杂。主要包括以下几种：

（1）发起人。发起人根据自己的融资需要，选择合适的资产作为证券化对象，并对这些资产进行组合，然后真实出售给 SPV，由 SPV 进行具体运作。

（2）SPV。SPV 是为实施证券化而成立的代表所有投资者利益的专门实体，它是一个独立的而且不能破产的机构，从发起人手中购买真实出售的资产，并委托信用增级机构和信用评级机构进行增级和评级，选择承销商销售证券，委托服务机构进行资产管理，委托支付代理机构向投资者支付本息。

（3）收入服务管理机构。主要是按时收取基础资产现金流，并将资金全部存入事先指定的银行；监督基础资产的盈利情况，并在个别基础资产现金流无法偿还产品本息时处理违约事宜处理；处理相关税务和保险事宜。

（4）支付代理机构。支付代理机构是投资者利益的代表，主要是面对投资者负责资金管理和偿付本息的职能，定期向投资者提供报告，定期监察合约遵守情况以维护投资者利益。

（5）信用增级机构。信用增级机构主要是使证券能获得较高信用等级，便于在市场上进行销售和发行。

（6）承销商。负责销售证券，并凭借其经验与专业知识对市场情况进行分析，提供定价咨询服务。

（7）信用评级机构。信用评级机构是指通过对资产证券化各环节进行评估，给出证券化产品信用等级的机构。

（8）投资者。由于资产证券化产品是由信用评级机构评定，并由信用担保人担保的证券，所以是一种较为安全的投资品种。但是，资产证券化产品本身的结构复杂，并且涉及众多的证券化法律关系主体，所以一般要求投资者具备证券化一般知识并且较为成熟理性。

2.2.3　实物期权理论

1. 实物期权基本内涵

期权是一种金融衍生产品，一种合约，该合约赋予持有人在未来特定日期或者该日期之前的任意时间按照约定价格买入或卖出某种特定资产的权利，其中买进的权利称为买权（call option），卖出的权利称为卖权（put option）。将期权思想扩展延伸到实物资产领域，如土地、设备、资源等，就形成了“实物期权”，即实物期权是期权持有人在某一特定日期或该日之前的任意时间以约定价格买卖某种实物资产的权利，是一种未来选择权。投资者拥有实物期权后，可以根据未来市场在一定期限内的变化情况，灵活选择投资方案，修正投资决策，在未来市场不确定性条件下追求投资项目的利润最大化。

2. 实物期权基本特性

与金融资产的投资可逆性不同，实物资产受时间因素影响较大，不是完全可逆的，投资不确定性较大，相比金融期权，实物期权更为复杂，主要体现在以下四个方面。

（1）具有多重不确定性。

①执行期限不确定。金融期权的具体执行时间一般在签订合约时有具体条款规定；与金融期权不同，实物期权的执行期限更具灵活性，可能会受其他期权是否执行、市场环境复杂性等因素影响。

②执行价格不确定。一方面，实物期权标的资产价值与发行人的内部收益率有关，不同发行人的内部收益率不同；另一方面，标的资产的价值波动性常常受到发行人经营能力影响，这两方面使得投资项目价值不同。

③标的资产当前价格难确定。市场在进行金融产品及其衍生品定价

时，假设这些资产能够自由地在金融市场以公平价格进行交易，可以通过获取市场信息进行定价，而实物资产不能自由交易。若进行实物期权定价，通常做法是在市场上找到与实物资产价值完全相关的证券或证券组合，用其价格近似代替实物资产价值。但是，由于大部分实物资产不能在证券市场交易，很难在证券市场上找到与其价值完全相关的证券或证券组合。

（2）不公开交易。

对于金融期权而言，不仅有正规的交易所，还有规模庞大的场外交易市场，投资者是在对应的交易市场以公平透明的价格自由交易。但实物期权不像金融期权一样存在相应交易市场，投资者也不是以公平的市场价格“购买”实物期权，而是通过初始投资“创造”了实物期权。

（3）风险难以完美对冲。

在“不完全市场”中存在诸多风险，具体可分为非系统风险和系统风险。其中，非系统风险可以通过分散投资等方法规避，系统风险则不能通过分散投资等方法规避。如果资本市场充分是“完善”的，可以构造金融期权的动态组合对冲其系统风险，但对于实物期权，构造出与其价值完全相关的资产组合较为困难，导致系统风险难以完美对冲。

（4）波动率难确定。

金融期权标的资产的价值波动率和增长率等数据可以通过收集分析市场交易历史数据得到。但实物资产项目基本不能在市场交易，很难获得与其价格及收益相关的历史信息，因此只能通过一定方法近似确定实物期权标的资产波动率，如近似资产的收益分布、蒙特卡洛模拟法及解析式法。

海域使用权体现的是一种国家让渡海域资源开发的权利，根据海域有偿使用规定，国家应通过征收海域使用金的方式从受让海域使用权人的经营收益中获得补偿。而对海域使用权人来说，获取海域使用权的价值就在于获得对海域资源的开发、延迟开发、扩大或缩小投资规模及放弃开发等权利。基于实物期权角度，对海域使用资源开发过程中所行使的这些“权利”与看涨期权类似，海域使用权人未来选择执行、延迟或者放弃这项权利，取决于标的资产价值的变动。所以，海域使用权具有实物期权特点。

2.2.4 信息扩散理论

1. 信息扩散理论原理

信息扩散技术是一种模糊数学处理方法，通过构造信息扩散函数解决数据处理时观测样本可能存在的信息非完备性。信息扩散理论认为，当样本数据函数不符合总体概率密度函数时，样本是非完备的。理论而言，样本数据可以从非完备状态逐渐过渡至完备状态，即假设每个样本点都可以细化发展为多个样本点，此样本点就可用来代表周围未出现的其他样本点。因此，当样本数据非完备时，可以通过信息扩散技术构造相应的信息扩散函数，用以求解总体概率密度分布。目前，信息扩散理论被广泛应用于自然灾害风险评估领域，以解决研究中历史灾害记录缺乏和风险源强度概率分布未知等问题。

信息扩散原理的具体表达过程如下：假设 A、B 两点之间存在若干点，为 x_1，x_2，…，x_n，A 点包含的信息可以通过从 x_1 到 x_n 的衰减传递输入给 B，同理，B 的信息也可以扩散衰减输入到 A 点。令这些中间点的值为给定样本集合 $X = \{x_1, x_2, \cdots, x_n\}$，U 为随机变量 X 所有模糊值的集合，即 U 为 X 的集值 $U = \{u_1, u_2, \cdots, u_n\}$。规定 X 通过 x_i 在 U 的 u_i 点提供了一个量值为单位量 1 的信息，当 X 非完备时，x_i 只是“周围”点的代表，x_i 点在 u_i 点提供的信息被其余的点分享；越靠近 u_i 点 $u(u \in U)$ 属于 u_i“周围”的程度越高，从 u_i 点分享到的信息就越多。U 从 u_i 获得的信息，称为从 u_i 点扩散得到的信息，即 u_i 的信息被分享的过程称为信息扩散过程。

2. 信息扩散理论的适用性

相关理论证明，在进行自然灾害概率风险评估中，只有样本容量大于 30 时，分析结果才会较为稳定。但在很多情况下，考虑到社会经济变化及历史资料不一致性，真正可用的样本比较少。当研究样本容量较小时，全部样本反映的风险信息有限，具有很大不确定性，然而，依据信息扩散理论，一个样本的信息可以被视为全部样本的代表，而不被认为是精确的观测值。信息扩散理论适用于解决小区域的问题，可以获得相对稳定和符合现实的自然灾害概率，目前，信息扩散技术已经广泛应用到自然灾害风险评价、保险精算、环境评估及测绘等领域。

海域使用投资项目面临的自然灾害风险较高，灾害的发生可能使投资收益突变为零，影响其价值。借助信息扩散理论，考虑所研究海域的自然灾害概率风险，校正基于实物期权法初步计算的海域使用权价值，可以计算出更符合现实的海域使用权价值。信息扩散模型重点在于建立扩散函数与确定扩散系数，这直接影响风险评估结果的准确性。依据黄崇福（2013）的研究，在样本量较少时，与指数分布扩散函数和对数正态分布扩散函数相比，正态分布扩散函数的结果更准确。因此，本书选取正态扩散函数。

2.3 本章小结

本章从海域使用权资产证券化研究、证券化产品定价方法及证券化产品信用风险研究三个方面进行国内外文献梳理及述评，确定了海域使用权证券化产品定价及信用风险测度这一研究视角。

第3章

海域使用权资产特征及证券化作用与条件分析

本部分通过总结海域使用权资产特征，从拓宽融资渠道与分散发起人风险两个角度，阐述海域使用权资产证券化作用，分析证券化背景，从微观基础与宏观条件两个维度分析证券化条件。

3.1 海域使用权资产特征

海域使用权投资往往需要大量资本投入且依赖先进技术，加之受外部性影响，收益波动较大，银行往往不愿意向其贷款，削弱了二者融合度，以至于出现“金融排除”现象，极大制约了海洋经济发展。

“金融排除”概念产生于20世纪90年代，是指因制度原因或自身现金流结构存在较大问题，导致某些产业难以取得银行贷款。需要融资时，绝大多数用海主体首先会选择抵押资产取得银行贷款，但是，由于海域使用权抵押困难及投资风险较高，很多银行并不愿意提供此类贷款。

3.1.1 海域使用权流转困难

虽然2002年实施的《中华人民共和国海域使用管理法》（以下简称

《海域法》）已经规定海域使用权可以依法转让，但现行法律对包括办理海域使用权抵押贷款登记在内的流转方式管理规定较为原则化，可操作性差，各地在具体实践过程中的登记程序、标准差别很大。即使在同省的不同地区，收费标准、提交材料、办理程序等方面也存在不同，使用权人在进行海域使用权抵押贷款时会遇到较多阻力，导致海域使用权二级市场发育非常缓慢，2005 年我国开始开展海域使用权二级市场交易数据统计工作以来的海域使用权流转数据如表 3.1 所示。

表 3.1 海域使用权流转情况

年份	抵押面积（万公顷）	累计确权面积（万公顷）	注销海域面积（万公顷）	新增确权面积（万公顷）	抵押面积占比（%）	转让、转移面积（万公顷）	转让、转移面积占比（%）
2004 年前	–	95. 20	–	–	–	–	–
2005	2. 96	115. 74	6. 71	27. 26	2. 56	0. 72	0. 62
2006	4. 24	133. 06	5. 42	22. 73	3. 19	0. 94	0. 71
2007	6. 71	154. 36	3. 16	24. 46	4. 35	0. 57	0. 37
2008	8. 56	171. 91	4. 99	22. 54	4. 98	0. 40	0. 23
2009	7. 24	186. 02	3. 73	17. 84	3. 89	–	–
2010	6. 80	202. 71	2. 69	19. 38	3. 35	–	–
2011	16. 29	218. 02	3. 28	18. 59	7. 47	–	–
2012	3. 02	225. 06	21. 30	28. 34	1. 34	1. 318	0. 59
2013	4. 87	246. 89	13. 66	35. 50	1. 97	4. 41	1. 79
2014	7. 80	275. 71	8. 60	37. 41	2. 83	4. 47	1. 62
2015	12. 19	287. 40	13. 66	25. 36	4. 24	11. 46	3. 99

资料来源：笔者根据国家海洋局历年《海域使用管理公报》整理，“ – ”表示数据缺失。

根据表 3.1，与数百万公顷的累计确权海域面积相比，抵押、转移、转让面积很少，占比较低，银行完成放贷后，若使用权人违约，银行持有的抵押品难以快速变现，会增加银行资产处置风险，出于自身利益考量，银行往往不愿意接受海域使用权作为抵押品。

3.1.2　投资风险较高

海洋产业具有高风险、高投入特点，海洋自然灾害可能使海域投资收益突变为零。以养殖用海为例，由于海洋养殖面临自然灾害、技术缺乏、环境污染等诸多隐患，总体经营风险较高。对银行来说，给养殖业产业链上的企业和个人放贷，虽然回报可能较高，但是，由于水产养殖业风险高，贷款沉淀资金逐渐增多，普遍高于各行业不良贷款率平均水平，如图3.1所示。此外，恶劣的天气、频繁爆发的水产疾病、渔业资源的减少、养殖环境的污染等潜在因素都决定了水产养殖业是个高风险产业，仅2017年，由于台风、洪涝及病害导致的水产品损失就高达182.22亿元①。

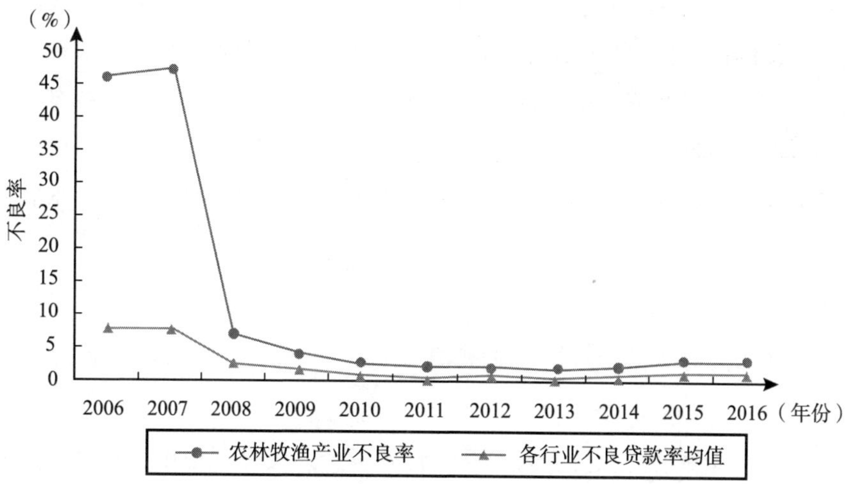

图3.1　不良贷款率

资料来源：2006~2016年《银监会年报》。

而且，海域使用权开发过程中存在保险补偿机制缺失问题。突发性强的自然灾害及高额赔付率使得以盈利为目的的商业保险公司于1993年后逐

① 资料来源：《2017年中国渔业统计年鉴》。

步退出渔业保险市场；同时，因法律法规保障缺乏针对性、政策体制缺乏力度、身份性质制约等问题，使经营者投保渔业互保协会积极性降低。在海洋养殖业受到损失时，经营者难以找到足够的资金补偿渠道弥补损失，相应的抵押贷款因失去还款来源会形成不良贷款，银行机构因此对该类贷款持谨慎态度。海洋自然灾害风险与保险补偿机制缺位两者同时存在，使银行对海域使用权抵押贷款持谨慎态度，当务之急是寻找银行抵押融资以外的融资渠道。

3.2 海域使用权证券化作用分析

海洋经济发展对金融有强烈需求，但目前存在金融服务不足现象。海域使用权证券化通过组建资产池，降低因海域使用权持有人违约导致无法按期偿债的可能性。与用海主体未来现金流相比，整个资产池未来现金流更具稳定性，资产证券化项目整体违约率更低，分散海域使用权持有人承担的风险。与抵押融资相比，资产证券化能够更好地满足各参与主体的需求。海域使用权证券化可以拓宽海域使用权持有人融资渠道、分散其风险。

3.2.1 拓宽海域使用权融资渠道

目前，海域使用权持有人主要以自有资金投资海域使用权，高额开发成本带来巨大流动性压力。用海主体不但承受着海洋产业收益不确定风险，而且承受着高额海域使用权开发投资带来的流动性风险，使用海主体转移风险的需求尤为强烈。然而，海域使用权流转困难、投资风险较高等原因使银行等金融机构不愿意涉足该领域，通过传统抵押贷款等融资方式盘活存量资产阻力很大。

金融机构出于自身利益的考虑，对海域产业的贷款比重小、门槛高、额度低、期限短。现有涉海贷款大多集中在少数大型用海企业，对于中小型用海企业和个人来说，成功贷款的可能性较低，多数用海主体无法通过银行信贷满足融资需求。资产证券化为其提供了一条有效的融资渠道，海域使用权证券化作为一种金融创新方式，能够盘活发起人存量资产、分散发起人风险，拓宽海域使用权融资渠道、促进我国海洋产业可持续发展。

海域使用权证券化通过风险隔离机制，将证券化资产剥离出来，通过信用增级使海域使用权在一定程度上可以突破其持有人自身信用等级限制，广泛吸纳社会闲散资金，破除“金融排除”现象导致的融资难、融资贵问题。

资产证券化转移了银行端承担的巨大违约风险，突破了传统融资方式，使得资金供给方与需求方相互连接的渠道通畅，是未来金融发展的重要方向。作为一种金融创新方式，海域使用权证券化使用海主体能够吸收广大投资者资金，甚至是国外资本，通过拓宽融资渠道，满足用海主体发展需要，助力海洋经济发展。

3.2.2　分散发起人风险

海洋产业涉及学科多，海域资源开发难度大、技术要求高，恶劣的海洋环境和频发的海上灾害增加了开发风险。海洋产业的高风险源自海洋自身特点引发的自然灾害风险和资源勘探风险。众所周知，海洋开发面对的自然环境十分恶劣，风暴潮、海啸、海冰、灾害性海浪、海洋地质灾害等各种海洋灾害频繁发生。我国是海洋灾害最严重的国家之一，20 世纪 80 年代每年因海洋灾害造成的经济损失达十几亿元，90 年代以后增至 100 亿元左右，2008 年我国共发生风暴潮、海浪、海冰、赤潮及其他海洋灾害 133 次，海洋灾害造成直接经济损失高达 206.05 亿元①。

海洋产业是资本、技术密集型产业，若要获取高收益，需要投入大量资金，加之自然灾害频发，使投资风险大大提高。以海域使用权为例，山

① 资料来源：历年《中国海洋灾害公报》。

东半岛 X 港某子公司一处填海造地项目所需海域使用金占到当年流动资产的 40.1%[①]，足见投资风险之高。

海域使用权证券化通过将收益让渡给证券化产品投资者，把发起人投资风险也转让出去，实现收益和风险重新分配。所以，海域使用权证券化是对既存海域使用权的重新配置，使证券化参与各方均从中受益，是一种“帕累托改进”。海域使用权证券化的这种风险分散功能，使海域投资者的收入有了一定的保障。传统融资方式过度依赖银行贷款，易导致风险向银行部门集中，受到较大程度限制，海域使用权证券化对金融机构流动性的影响较小，可以降低其对回报率的要求，降低海域投资者融资成本。

有些海域使用权投资金额大、资金回收期长的特点限制了中小投资者进入。海域使用权证券化产品的面值、期限等较为灵活，可以根据不同类型投资者需求设计出不同证券化产品，降低市场进入门槛，把原本由单一海域投资主体所承担的风险分散给数量众多的投资者，增强了海域投资主体的风险抵御能力。

3.3 海域使用权证券化条件

可以从微观基础及宏观条件两个方面进行海域使用权证券化条件分析。

3.3.1 资产证券化微观基础

基础资产未来能产生稳定且可预测的现金流是资产证券化的微观基础。若要审视一项资产能否被证券化，关键在于资产未来现金流是否稳定且可预测，基础资产现金流分析是可行性分析中必不可少的环节。

---

① 资料来源：山东省海洋与渔业厅《海域使用权公告 2016》《X 港国际股份有限公司 2015 年年度报告》。

海域使用权持有人依法获取海域使用权，对特定位置和面积的海域资源进行开发。在开发过程中，能够产生未来收益的不是海域使用权本身，而是用海单位的投资项目。海域使用权投资项目能够在未来产生较为稳定、可预期的现金流，适合资产证券化。海域使用权证券化是指将众多合乎证券化条件的海域使用权组建成资产池，特殊目的机构以这些资产池未来产生的现金流为支持，发行能够在资本市场上流通的证券，达到盘活海域使用权投资人存量资产、完成低成本融资的目的。

3.3.2 资产证券化宏观条件

海域使用权证券化的宏观条件主要包括资产证券化市场环境条件及相应法律法规是否完善、健全。

1. 证券化市场逐步发展

2005 年作为中国信贷资产证券化试点银行的国家开发银行发行信贷资产抵押证券，总规模达 41.92258 亿元①，联通 CDMA 网络租赁费证券化产品、莞深高速公路收费收益权专项计划相继发行，此后，资产证券化在我国开始发展。2008 年，受到全球金融危机影响，我国资产证券化陷于停滞，如何控制风险成了理论与实务界关注的焦点。自 2010 年开始，企业希望有新的低成本且安全的融资方式，产生了重启企业资产证券化的需求，国家“十三五”规划鼓励探索开发高收益债券等金融产品，稳步推进非金融企业债券融资工具发展。

2017 年政府工作报告中提出“积极稳妥去杠杆”，并重点强调“推进资产证券化”这一去杠杆路径。截至 2018 年 8 月 1 日，资产证券化市场共有个人住房抵押贷款、汽车贷款、基础设施收费、门票收入等证券化项目 1391 个，发行总额高达 30489.47 亿元，同比增长 155.45%。各类资产证券化项目数量与发行总额如表 3.2 所示。

---

① 张亦春等．金融市场学（第六版）［M］．北京：高等教育出版社，2020：255.

表 3.2　各类资产证券化项目数量与发行总额

基础资产类型	项目数量（个）	项目数量比重（%）	发行总额（亿元）	总额比重（%）	当前余额（亿元）	余额比重（%）	基础资产类型	项目数量（个）	项目数量比重（%）	发行总额（亿元）	总额比重（%）	当前余额（亿元）	余额比重（%）
个人住房抵押贷款	75	5.39	5966.94	19.57	4612.34	22.45	小额贷款	131	9.42	2554.10	8.38	2506.90	12.20
汽车贷款	49	3.52	1738.04	5.70	789.46	3.84	住房公积金贷款	7	0.50	42.00	0.14	21.39	0.10
信用卡贷款	17	1.22	1478.81	4.85	543.89	2.65	保理融资债权	32	2.30	271.33	0.89	239.79	1.17
企业贷款	67	4.82	3578.71	11.74	877.98	4.27	棚改/保障房	2	0.14	34.00	0.11	18.50	0.09
不良贷款	37	2.66	306.95	1.01	148.17	0.72	股票质押回购债权	2	0.14	14.19	0.05	8.88	0.04
铁路专项贷款	1	0.07	102.36	0.34	15.99	0.08	融资融券债权	23	1.65	437.50	1.43	426.50	2.08
消费性贷款	10	0.72	287.51	0.94	142.65	0.69	PPP 项目	11	0.79	99.90	0.33	91.72	0.45
租赁资产	14	1.01	434.97	1.43	183.27	0.89	信托受益权	112	8.05	1918.27	6.29	1304.30	6.35
REITs	1	0.07	5.54	0.02	5.39	0.03	商业房地产抵押贷款	24	1.73	725.62	2.38	718.56	3.50
企业债权	46	3.31	1644.06	5.39	1210.25	5.89	票据收益	10	0.72	123.00	0.40	69.21	0.34
租赁租金	233	16.75	2627.37	8.62	1427.24	6.95	应收债权	24	1.73	370.19	1.21	344.81	1.68
基础设施收费权	120	8.63	1102.15	3.61	777.41	3.78	PPP 项目债权	1	0.07	2.00	0.01	1.10	0.01
门票收入	4	0.29	17.03	0.06	12.88	0.06	租赁债权	31	2.23	468.30	1.54	340.49	1.66
航空票款	4	0.29	92.00	0.30	66.00	0.32	信托受益债权	5	0.36	122.51	0.40	121.61	0.59
不动产投资信托 REITs	31	2.23	598.40	1.96	592.53	2.88	基础设施收费债权	2	0.14	8.07	0.03	6.37	0.03
应收账款	251	18.04	3089.68	10.13	2798.19	13.62	委托贷款债权	2	0.14	37.00	0.12	36.95	0.18
BT 回购款	2	0.14	45.50	0.15	11.70	0.06	保理合同债权	1	0.07	10.00	0.03	10.00	0.05
委托贷款	9	0.65	135.47	0.44	61.67	0.30	合计	1391	100.00	30489.47	100.00	20544.08	100.00

资料来源：Wind 数据库。

根据表3.2，从项目数量看，基础资产为应收账款的证券化项目最多，达到251只，占项目总数的18.04%；除应收账款证券化项目外，租赁租金、小额贷款、基础设施收费权、信托收益债权项目数量也较多。从发行总额看，排名第一的是个人住房抵押贷款资产证券化，为5966.94亿元，占发行总额的比重为19.57%；排名第二的是企业贷款资产证券化，为3578.71亿元，占比11.74%；排名第三的是应收账款资产证券化，为3089.68亿元，占比10.13%。

总体来看，资产证券化已经破题，在业务规模、产品种类及交易层级等方面为海域使用权证券化提供了借鉴。

2. 法律法规体系日益完善

国家在资产证券化不同发展阶段制定了相应的法律法规，日益完善的法律法规体系为海域使用权资产证券化开展奠定了制度基础。相关法律法规的颁布实施主要分为以下三个阶段。

（1）资产证券化业务发展初期（2005～2008年）：证监会于2004年10月21日颁布《关于证券公司开展资产证券化业务试点有关问题的通知》，标志着我国企业资产证券化业务起步，人民银行和银监会[①]颁布《信贷资产证券化试点管理办法》，标志着我国信贷资产证券化业务试点从此拉开帷幕。

（2）资产证券化业务重启阶段（2011～2014年）：2011年9月，证监会重启企业资产支持证券项目审批工作，2012年5月，人民银行、银监会、财政部颁布《关于进一步扩大信贷资产证券化试点有关事项的通知》，宣告美国次贷危机之后，资产证券化业务在我国重启，2012年8月，中国银行间交易商协会颁布《银行间债券市场非金融企业资产支持票据指引》，标志着我国三种主要资产支持证券产品全部推出。

（3）资产证券化业务快速发展阶段（2014年至今）：信贷资产证券化业务方面，2014年11月银监会发布《关于信贷资产证券化备案登记工作

① 银监会与保监会于2018年合并组建银保监会，本书名称是沿用法规颁布时的名称，下文保监会同此。

流程的通知》，标志着我国信贷资产证券化业务从审批制走向了备案制；2015年3月，人民银行发布公告《中国人民银行公告〔2015〕第7号》标志着我国资产证券化业务从备案制走向注册制。企业资产证券化业务方面，2014年11月，证监会发布消息称，企业资产证券化业务将实行基金业协会事后备案和基础资产负面清单管理。2014年12月，中国证券投资基金业协会发布关于《资产支持专项计划备案管理办法》及配套规则的通知，针对“备案制”制定《资产支持专项计划备案管理办法》《资产证券化业务基础资产负面清单指引》等自律规则或相关文件。在此期间，我国资产证券化业务经历了从审批制到备案制的转变，又经历了从备案制到注册制的升级，基础资产采取负面清单的管理制度，大大拓宽了发行人及基础资产的范围，促进了我国资产证券化在2015年、2016年高速发展。

我国资产证券化业务由监管方不同分为银监会监管的信贷资产证券化、证监会监管的资产支持专项计划、在交易商协会注册发行的资产支持票据及《资产支持计划业务管理暂行办法》中保监会监管的资产支持计划。表3.3对资产证券化相关法律法规进行了梳理。

表3.3 资产证券化相关法律法规梳理

类别	监管主体		法律文件	
	政府监管	自律组织监管	行政规章	其他规范性文件
信贷资产证券化	银监会		《信贷资产证券化试点管理办法》《中国银监会农村中小金融机构行政许可事项实施办法》《金融机构信贷资产证券化试点监督管理办法》等	《关于进一步加强信贷资产证券化业务管理工作的通知》《关于信贷资产证券化备案登记工作流程的通知》等
	央行		《信贷资产证券化试点管理办法》《全国银行间债券市场金融债券发行管理办法》《资产支持证券信息披露规则》《资产支持证券在银行间债券市场的登记、托管、交易和结算等有关事项》等	《关于信贷资产证券化基础资产池信息披露有关事项的公告》《中国人民银行公告》等

续表

类别	监管主体		法律文件	
	政府监管	自律组织监管	行政规章	其他规范性文件
企业资产证券化	证监会		《证券公司及基金管理公司子公司资产证券化业务管理规定》《证券公司及基金管理公司子公司资产证券化业务尽职调查工作指引》等	
	保监会		《资产支持计划业务管理暂行办法》	
		交易所		《证券交易所资产证券化业务指引》
		基金业协会		《资产支持证券备案管理办法》《资产证券化业务风险控制指引》
资产支持票据		交易商协会		《证券交易所资产证券化业务指引》《银行间债券市场非金融企业资产支持票据指引》《非金融企业资产支持票据指引（修订稿）》

3.4 本章小结

通过分析，本章认为海域使用权抵押融资难的原因主要是海域使用权流转困难、海洋产业投资风险高。海域使用权证券化能够拓宽海域使用权人融资渠道，分散风险，具有实施必要性。同时，海域使用权能够产生较为稳定的现金流，我国证券化市场逐步发展，法律法规体系日益完善，为海域使用权证券化提供了微观基础和宏观条件，使其具备可行性。

第4章

海域使用权证券化产品设计及定价

本部分主要介绍海域使用权证券化产品设计及定价，主要内容有：基于实物期权法确定基础资产价值；海域使用权证券化产品设计；分析投资级、投机级产品定价影响因素及影响机制；分别进行投资级、投机级产品定价。

4.1 基于实物期权法的基础资产价值确定

4.1.1 海域使用权具有实物期权价值

现实中，大量存在的投资不确定、不可逆和可延迟性使多数海域使用权具有期权时间价值；而且海洋自然灾害可能使投资收益突变为零，海域使用权投资风险远高于一般经济风险，不确定性更强，期权时间价值更大。因此，海域使用权具有实物期权价值。

尽管我国海域使用权价值评估日趋受到重视，但目前缺少比较健全的评估机制和专业机构，加之贴现现金流法存在确定贴现率时具有一定主观性、不能考虑海域使用权期权时间价值等缺点，当前海域使用权价值评估应用最为广泛的贴现现金流方法评估结果偏低（见表4.1）（闻德美，

2016）。因此，本书进行海域使用权证券化产品定价和信用风险测度时，根据海域使用权特点，采用实物期权法确定其价值。

表 4.1 贴现现金流法的局限性：假设与现实

贴现现金流法的假设	现实
投资项目未来现金流确定不变，能够预期	市场条件下，受产品价格波动等因素影响，投资项目未来现金流通常是不确定的，可能很难预期
投资项目可逆，这意味着放弃投资项目不花费任何成本	投资一个新项目往往涉及一大笔沉没成本，放弃项目时，这笔成本无法收回
投资决策不可延迟	决策者具有灵活性，很多项目的投资决策可延迟
在项目分析、决策及实施过程中，决策者扮演的只是被动角色	决策者具有管理灵活性，当环境变化时，可以主动采取相应对策
投资项目独立，与其他项目不存在关联效应	由于存在网络效应、投资分散化、相互依赖性和协同效应，有时候项目未来现金流不能单独评估
所有不确定性都是不利的，不确定性增大时要调高贴现率	不确定性也可能给投资项目带来收益
将所有无形的、未知的或无法计量的因素都评价为零	很多重要资产都是无形资产或者是定性的战略地位

资料来源：闻德美. 海域使用权定价研究——基于实物期权法和世代交叠模型的应用［M］. 北京：经济科学出版社，2016.

4.1.2 实物期权法计算海域使用权价值

本书参照闻德美（2016）的研究，应用实物期权法确定海域使用权资产证券化产品基础资产价值。

实物期权定价法的目标是在面临不确定性、不可逆性和可延迟性时，利用期权思想推导海域使用投资机会价值。假定海域使用投资不可逆，但是可以延迟，即具有延迟期权。海域使用权持有人未来选择立即执行还是延期执行投资决策取决于标的资产海域投资项目价值变动。投资项目价值 V_p 是因项目投资产生的预期现金流净现值，V_p^* 为投资临界值，即最优投资时刻的项目价值。当 $V_p \geqslant V_p^*$ 时，持有人会作出立即投资决策，海域使用权期权时间价值为零，此时实物期权法计算的海域使用权价格与贴现现金流法的计算结果相同，为项目价值减去投资成本后的净值；当 $V_p < V_p^*$ 时，海域使用权定价模型为：

$$\frac{1}{2}\sigma^2 V_p^2 P_s''(V_p) + (\rho - \delta) V_p P_s'(V_p) - \rho P_s = 0 \tag{4.1}$$

$$\rho = \mu + \delta \tag{4.2}$$

式（4.1）中，σ 为项目价值波动率；ρ 是海域使用权投资项目持有者的预期回报率，即项目投资回报率；δ 为价值漏损率，即因持有实物期权，推迟投资的机会成本；P_s 为海域使用权价格；μ 为投资项目预期瞬时报酬，即项目价值增长率。同时，二阶偏微分方程（4.1）的边界条件如下：

$$P_s(0) = 0, \ P_s(V_p^*) = V_p^* - I, \ P_s'(V_p^*) = 1 \tag{4.3}$$

式（4.3）中，I 为投资成本。

由边界条件可得，海域使用权价格为：

$$P_s = AV_p^{\theta_1} \tag{4.4}$$

其中：

$$A = \frac{(\theta_1 - 1)^{\theta_1 - 1}}{(\theta_1)^{\theta_1} I^{\theta_1 - 1}} \tag{4.5}$$

θ_1 是微分方程（4.1）的基本二次方程 $\frac{1}{2}\sigma^2\theta(\theta - 1) + (\rho - \delta)\theta - \rho = 0$ 的正根：

$$\theta_1 = \frac{1}{2} - \frac{\rho - \delta}{\sigma^2} + \sqrt{\left(\frac{\rho - \delta}{\sigma^2} - \frac{1}{2}\right)^2 + \frac{2\rho}{\sigma^2}} > 1 \tag{4.6}$$

投资临界比为：

$$\frac{V_p^*}{I} = \frac{\theta_1}{\theta_1 - 1} \tag{4.7}$$

4.2 海域使用权证券化产品设计

本部分在简要介绍海域使用权证券化流程基础上，进行海域使用权证券化产品设计，主要内容包括：（1）明确产品设计目标、原则；（2）从产品类型、产品要素两方面进行产品具体设计。

海域使用权持有人将海域收益权出售给 SPV，SPV 依据收益权未来现金流进行资产证券化产品设计及定价，承销机构承销证券化产品，所得发行收入交由 SPV 向海域使用权持有人支付海域收益权价款。具体流程如下：（1）SPV 选择合适、同质的海域使用权组成资产池；（2）收入服务管理银行、投资银行分别负责资产池日常收入管理、服务与产品销售；（3）保险公司与评级机构综合考虑产品风险，进行信用增级、信用评级；（4）投资银行承销证券化产品，所得发行收入交由 SPV，SPV 向海域使用权持有人支付海域收益权价款；（5）SPV 将资产池收益转移至收入服务管理银行，按期提取、偿付证券化产品利息及本金。交易结构如图 4.1 所示，其中实线表示业务流，虚线表示资金流。

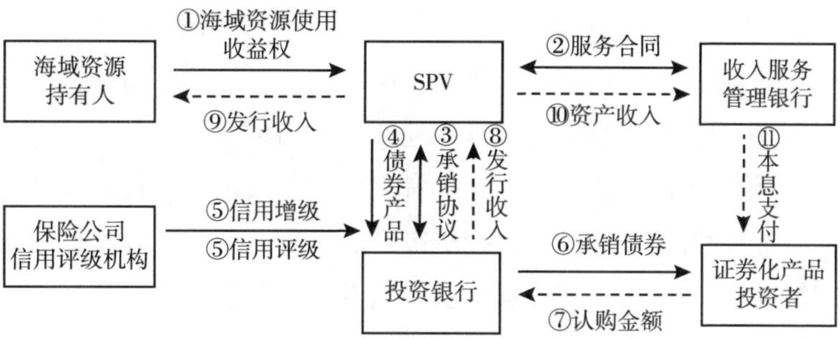

图 4.1　海域使用权证券化交易结构

4.2.1　产品设计目标及原则

产品设计目标及原则是具体产品设计的指导，明确设计目标与原则有利于增强产品吸引力、流动性及定价针对性。

1. 产品设计目标

资产证券化产品既要满足发起人融资需求，又要符合不同投资者偏好，并有效控制产品风险。具体来说，包括以下三个方面目标。

（1）满足海域使用权持有人低成本融资需求。

盘活存量资产、实现融资需求是海域使用权持有人资产证券化的首要目标，为此，就要求 SPV 设计出的产品能够最大限度地降低融资成本，相比现有其他融资方式，能实现低成本融资。

在确定融资成本时，需要全面对比海域使用权持有人能够选择的其他各类融资方式。例如，大型用海单位还可以通过股东资金支持与信托方式融资，其他海域使用权持有人可以发行企业债券或申请银行贷款，需要对同期限融资利率加以比较，据以确定证券化产品票面利率。

（2）满足不同投资者偏好。

资本市场上通常有风险偏好、风险中立与风险厌恶三种类型投资者。为充分满足不同投资者的风险偏好，SPV 应差别设计产品期限、承担的风险及与之匹配的收益。证券化产品多样化设计有利于最大限度调动投资者积极性，实现证券化产品顺利发行。

该设计目标与产品信用内部增级的需要是一致的。通过设定不同类别的投资/投机级产品序列可以实现内部信用增级：基础资产现金流优先偿还投资级产品本息，最后偿还投机级产品收益，一旦发生违约事件或提前偿付事件，由投机级产品投资者承担违约及提前偿付风险。通过重新分配违约及提前偿付风险，投机级产品投资者承担更大风险，投资级产品投资者收益不确定性降低；相应的，投机级产品投资者要求的收益也会高于投资级产品的投资者。投资者根据自己对证券化产品偿付情况的判断和自身风险偏好，选择适合自己的产品。

（3）风险能够得到有效控制。

海域使用权证券化产品属于新兴产品，大多数投资者不甚了解，相对复杂的产品结构，增加了投资者理解难度，要使产品顺利发行，实现海域使用权证券化融资目标，产品风险务必得到有效控制。

2. 产品设计原则

设计海域使用权证券化产品时，主要应基于以下原则。

（1）均衡性原则。

均衡性原则是指发起人的发行成本与投资者的投资收益能达到均衡。对于海域使用权持有人而言，采取资产证券化融资方式主要目的之一是降低融资成本，存在压低成本的动机；对于投资者而言，海域使用权持有人所承担成本中很大一部分便是投资者收益。产品收益率的确定需要综合平衡投资者认购产品积极性和海域使用权持有人通过资产证券化方式融资的积极性，使两者保持均衡。

（2）针对性原则。

针对性原则是指证券化产品设计需要符合基础资产特点。本书资产证券化产品基础资产是海域使用权，具有与其他标的资产不同的特点，如前文所述的海洋自然灾害风险较高、可用融资方式较少等，均会对产品偿付产生较大影响。为此，进行海域使用权证券化产品设计时，要坚持针对性原则。

（3）全面性原则。

全面性原则是指证券化产品设计应综合、全面考虑可能面临的各种风险。海域使用权证券化产品的主要风险来源于基础资产信用风险、海域使用权持有人信用风险、提前偿付风险及证券化产品交易中的流动性风险。除此之外，产品还有可能面临外部环境风险因素影响，如政策风险、法律风险等。为促进证券化产品发行，满足有效控制风险的目标，应全面考虑产品风险。

（4）多样性原则。

多样性原则是指 SPV 应差别设计不同资产证券化产品承担的风险、收益等。该原则是为了满足资本市场中具有不同风险偏好的投资者需求，最大限度调动投资者积极性，使海域使用权证券化产品顺利发行。

4.2.2　证券化产品具体设计

证券化产品具体设计内容主要包括确定证券化产品类型及产品要素。

1. 证券化产品类型

根据偿付结构不同，资产证券化产品可以分为过手债券与多级债券。

（1）过手债券。

过手债券资产池产生的现金流不进行分配重组，而是在扣除一定费用后直接按比例分配给所有投资者。由于不对现金流进行处理，仅是将基础资产现金流简单地“过手”给投资者，因此只在一定程度上简化了产品结构。资产池具有的风险由证券化产品全部投资者承担，因投资者数量较多，个人所承担的风险相对较小。

（2）多级债券。

多级债券将每期收到的现金流进行剥离和重组，再按照债券不同优先级进行重新分配，能够克服过手债券所有投资者均承担违约及提前偿付等风险的不足。

目前，我国大多数资产证券化产品采用多级债券，即通常包含多个产品层级，不同等级产品存续期、收益率不同，大致可分为投资级和投机级债券。投资者根据自身风险偏好及对预期回报率的要求认购不同优先级债券：风险承受能力较低或是风险厌恶型投资者，可以选择投资级债券；追求高收益、高风险的风险偏好型投资者，可以认购投机级债券。

考虑产品内部信用增级与投资者风险偏好不同，本书选择多级债券作为海域使用权证券化产品。按照风险不同，将海域使用权证券化产品分为优先级债券、次优先级债券和投机级债券三个等级，由投机级债券承担产品全部违约、提前偿付等风险。一方面，投机级债券能够为投资级债券提供保护；另一方面，投资者也可依据自己的风险偏好，选择合适的投资标的。

2. 证券化产品要素

证券化产品要素主要包括发行规模、票面利率、存续期、偿付方式等。

（1）发行规模及偿付方式。

根据实物期权法计算海域使用权证券化基础资产价值，依据经验安全发债比率或者改进 KMV 安全发债比率，确定证券化产品总规模，记为 B_0。其中，优先级债券规模记为 B_P，次优先级债券规模记为 B_M，投机级债券规模记为 J。参考市场现有产品不同优先级债券的规模设定，将优先级、次优先级、投机级债券发行规模分别设定为总规模的 75%、15%、10%。偿付方式均为按月付息，到期还本。

（2）投资级产品票面利率及存续期。

对于各优先级资产证券化产品票面利率，本书依据成本—收益原则确定：票面利率的设定需达到海域使用权持有人融资成本与产品投资者收益的平衡点，海域使用权持有人进行资产证券化的一个目的是降低融资成本，即与其他融资方式相比具有低成本优势。目前，海域使用权持有人进行融资主要通过银行抵押贷款、发行企业债两种途径，假设银行抵押贷款利率为 r_1，企业债收益率为 r_2，海域使用权投资级产品优先级、次优先级债券票面利率分别为 r_3、r_4。采用资产证券化方式融资的成本应小于前两者，即 $\max(r_3, r_4) < \min(r_1, r_2)$，才能够使海域使用权持有人选择该融资方式。产品投资者选择投资海域使用权资产证券化产品的一个原因是其与国债、银行储蓄等投资方式相比收益较高。假设投资者可以选择银行储蓄及国债两种方式进行投资，其中相同期限银行存款利率为 r_5，国债收益率为 r_6，选择投资海域使用权证券化产品的收益应大于前两者，即 $\min(r_3, r_4) > \max(r_5, r_6)$，才能够吸引投资者。因此，投资级海域使用权证券化产品票面利率应满足如下关系：

$$\max(r_5, r_6) < \min(r_3, r_4) < \max(r_3, r_4) < \min(r_1, r_2) \tag{4.8}$$

根据海域使用权期限的相关规定，本书优先级与次优先级资产证券化产品存续期分别设定为 7 年与 10 年，因此，与之比较的国债、企业债产品、银行存贷款产品期限也应当相同。根据 Wind 数据库 2018 年 1 月 10 日发布的数据，计算该日有成交量的相应产品收益率①，如表 4.2 所示。

表 4.2　　国债、企业债收益率及银行存贷款利率　　单位：%

种类 年限	国债收益率	企业债收益率（AAA）	企业债收益率（AA+）	银行存款利率	银行贷款利率
7 年期	3.8781	5.8777	–	2.7500	4.9000
10 年期	3.9385	–	7.2654	2.7500	4.9000

注：“–”表示“没有成交量”。

资料来源：笔者根据 Wind 数据库 2018 年 1 月 10 日数据整理。

① 选取 7 年期、10 年期有成交量的国债、AAA 级企业债、AA+级企业债产品，对不同产品的收益率进行算术平均得到相应产品收益率；各银行均未提供 7 年期、10 年期银行存贷款利率，所提供的最长时限利率为 5 年期利率，由于 5 年期之后存贷款利率基本不变，因此本书选取 5 年期银行存贷款利率进行比较。

（3）投机级产品票面利率及存续期。

对于投机级债券的偿付，依据绝对优先原则，即各优先级债券全部偿付完毕之后再开始投机级债券偿付，因而其享有对资产池收益的二级追索权。对于投机级债券票面利率 R_S 设定，参考王丹丹和耿华（2007）商业银行次级债券定价模型，将其定价模型中银行资产替换为海域使用权价值，银行负债替换为除投机级债券外的各优先级债券（假定只有这两类负债）发债规模，所有者权益及波动率等参数依据资产池中的资产确定。

综上所述，本书所设计的海域使用权证券化产品信息如表 4.3 所示。

表 4.3　海域使用权证券化产品信息

海域使用权证券化产品	产品期限（年）	付息频次（次/年）	票面利率（%）	发债规模（亿元）
优先级债券	7	12	4.0	B_P
次优先级债券	10	12	4.5	B_M
投机级债券	15	12	R_S	B_S

注：鉴于海域使用权最长期限为 15 ~ 50 年，投机级债券期限暂定为 15 年，票面利率与具体产品规模应依据资产池中基础资产价值而定。

4.3　海域使用权证券化产品定价影响因素及影响机制

本课题设计的产品分为投资级产品（优先级、次优先级产品）与投机级产品，因风险及定价方法不同，需分别考虑定价影响因素及影响机制。由于投资级产品不承担提前偿付与违约风险，定价时侧重考虑无风险收益率与静态利差的影响及影响机制；投机级产品承担全部提前偿付风险与违约风险，定价时侧重分析随机利率波动、提前偿付率与违约率的影响及影响机制。

4.3.1　投资级产品定价影响因素及影响机制

投资级债券定价的主要影响因素是无风险收益率与静态利差。

1. 无风险收益率对投资级债券价格的影响机制

无风险收益率，顾名思义，指把资金投资于没有任何风险的投资对象所能得到的收益率。金融产品多具有不同程度的风险，因此无风险收益率可以看作基准收益率，是投资级产品收益率确定的基础。

随着存续期延长，无风险收益率也会随之变化，本书选择国债收益率作为无风险收益率，主要原因有：投资者关注度高，对固定收益证券的定价至关重要，也可视为投资于其他非国债产品的机会成本；国债市场规模庞大、交易活跃、流动性高。以国债收益率作为无风险收益率可以避免包括流动性不足、交易产品不活跃要求的流动性风险溢价。

若其他条件不变，国债收益率上升，意味着基准收益率上升，投资者会要求更高的产品收益率，投资级产品价格应该降低；反之则相反。

2. 静态利差对投资级债券价格的影响机制

本书采用静态利差法进行投资级产品定价。静态利差是指在静态情景下，即没有利率波动情况下，债券类产品收益率高于无风险收益率的部分（何小锋，2002），反映了投资级产品的系统风险溢价。静态利差法考虑了利率期限结构的作用，能够较为充分地反映一定利率期限结构下的风险溢价。

静态利差作为投资级海域使用权证券化产品未来现金流折现率的重要组成部分，是投资级产品定价的直接影响因素之一，产品价格理论上等于未来各期现金流现值之和。当静态利差上涨时，产品价格会降低；反之亦相反。

4.3.2　投机级产品定价影响因素及影响机制

投机级债券定价的主要影响因素是随机利率、提前偿付率及违约率。

1. 随机利率

投机级产品承担全部产品的提前偿付与违约风险，因此需要模拟预测利率随机情况下的走势，以反映不同利率走势对提前偿付与违约行为的影响。随机利率模型适用于模拟预测利率随机变动，常被用于计算利率衍生品价值。不同随机利率模型特点、适用条件不同，需根据定价需要选择合适的随机利率模型。

随机利率在定价时作为贴现率，其影响与前述分析的无风险收益率对产品定价的影响大致相同，随机利率上涨时产品价格降低，下降时产品价格上涨。

2. 提前偿付率

本书中使用的提前偿付率是指海域使用权持有人除偿还应偿还的产品本息外，提前偿还所欠本金占总本金的比率。持有人提前偿付这种不确定时间、不确定还款数额的行为使产品现金流呈现较大不确定性，最终影响产品价格。

提前偿付从两个方面影响产品定价：第一，由于提前偿付会增加资产池短期现金流，在假设利率期限结构向上倾斜的条件下会提高产品价格；第二，提前偿付使投资者面临再投资风险，投资者会要求更高的风险收益，使得产品价格下降。最终产品价格的走向取决于二者的综合影响。

3. 违约率

本书中使用的违约率指的是海域使用权持有人每期未偿还金额占应偿还金额的比率。海域使用权持有人是否违约取决于两方面：一是持有人海域使用投资收益情况；二是使用权持有人的还款意愿。海域使用投资收益情况是其是否违约的决定因素，如果使用权收益低，没有足够现金偿付资产证券化产品，属于被动违约；如果海域使用权收益较高，违约率则取决于持有人的还款意愿。

通常而言，海域使用权持有人为维护自身声誉，也为进一步融资提供可能，往往会按期偿付证券化产品，但当其面临收益率更加丰厚的项目时，往往会考虑违约的成本与收益，该类型的违约称为主动违约。投资者为降低违约风险，通常会要求更高的风险溢价，使得产品价格下降，所以违约率与产品价格负相关。

4.4　投资级证券化产品定价

4.4.1　投资级资产证券化产品定价模型

本书基于静态利差法构建投资级资产证券化产品定价模型。具体思路为：将基于实物期权的基础资产价值作为证券化产品本金，结合票面利率计算未来各期现金流；将一定利率期限结构下的无风险利率与静态利差作为贴现因子，对证券化产品未来各期现金流进行贴现，确定投资级证券化产品价格。

静态利差法综合考虑无风险收益率、利率期限结构及静态利差，将利率的变动考虑在内，认为不同期限的贴现率不同。假定特定信用等级债券的收益率与无风险利率之间存在固定的利差（即静态利差），以无风险利率与静态利差之和作为债券定价的贴现率。无风险利率选取定价当日国债即期收益率，分别选取 AAA、AA + 企业债券静态利差作为优先级、次优先级产品静态利差，在不同期限国债即期收益率基础上加上静态利差体现产品系统性风险溢价。静态利差法定价模型可以表示为：

$$P = \frac{CF_1}{1 + r_1 + \Delta SS} + \frac{CF_2}{(1 + r_1 + \Delta SS)^2} + \cdots + \frac{CF_n}{(1 + r_1 + \Delta SS)^n} = \sum_{t=1}^{n} \frac{CF_t}{(1 + r_1 + \Delta SS)^t} \tag{4.9}$$

其中，P 表示证券化产品价格；CF_t 表示证券化产品在第 t 期的预期现金流；r_t 表示第 t 期相同剩余期限的国债即期收益率；ΔSS 表示静态利差；n 表示证券到期的期数。优先级、次优先级债券具体定价模型见下文 4.4.3 节。

静态利差法定价核心是确定一定利率期限结构下的国债即期收益率与静态利差，本书采用三次样条插值法拟合国债即期收益率，并确定产品静态利差。

4.4.2 拟合国债即期收益率

本书所设计的产品均按月付息，定价模型中国债即期收益率应为月度收益率，Wind、国泰安等数据库均未提供整月收益率，需要依据现有年化国债即期收益率，拟合国债即期收益率函数，进而求取整月收益率。

本书基于三次样条插值法拟合月度国债即期收益率函数，具体参考李熠熠、潘婉彬和缪柏其（2009）的研究，采用赤池信息准则（AIC）作为甄选模型标准，选取 4 个节点使模型 AIC 统计量达到最小、拟合程度最好，所选节点对应国债期限分别为 4 年、6 年、7 年、12 年。

三次样条插值法基本思想是用分段三次多项式代替单个多项式，通过将整个插值区间分割为若干个小区间，并在每个区间作三次插值多项式，最后将所有插值的多项式拼接成为一个分段函数。每个区间的插值多项式都满足平滑条件，即在该区间内二阶连续。同时，一般实际问题对样条函数在端点处状态有要求，针对国债即期收益率曲线拟合，根据现有数据，采取自然边界条件：

$$r''(t_0)=r''(t_n)=0 \tag{4.10}$$

设定：

$$M_j=r''(t_j),\ j=0,\ 1,\ \cdots,\ N+1 \tag{4.11}$$

国债即期收益率 $r(t)$ 为三次多项式，$r''(t)$ 在每个小区间 $[t_{j-1},\ t_j]$（$j=0,\ 1,\ \cdots,\ N+1$）上为一次多项式，设定 $h_j=t_j-t_{j-1}$，$j=0,\ 1,\ \cdots,\ N+1$。

对于每个小区间 $[t_{j-1},\ t_j]$（$j=0,\ 1,\ \cdots,\ N+1$），通过两点（t_{j-1}，M_{j-1}）和（t_j，M_j）作线性插值如下：

$$\begin{aligned} r''(t) &= M_{j-1}\frac{t-t_j}{t_{j-1}-t_j}+M_j\frac{t-t_{j-1}}{t_j-t_{j-1}} \\ &= M_{j-1}\frac{t_j-t}{h_j}+M_j\frac{t-t_{j-1}}{h_j},\ t\in[t_{j-1},\ t_j] \end{aligned} \tag{4.12}$$

对式（4.12）作两次积分：

$$r'(t) = \int r''(t)dt = \frac{M_{j-1}}{h_j}\int (t_j - t)dt + \frac{M_j}{h_j}\int (t - t_{j-1})dt$$
$$= -\frac{M_{j-1}}{2h_j}(t_j - t)^2 + \frac{M_j}{2h_j}(t - t_{j-1})^2 + C_1(C_1 \text{ 为常数}) \tag{4.13}$$

$$r(t) = \int r'(t)dt = -\frac{M_{j-1}}{2h_j}\int (t_j - t)^2 dt + \frac{M_j}{2h_j}\int (t - t_{j-1})^2 dt + C_1 t$$
$$= \frac{M_{j-1}}{6h_j}(t_j - t)^3 + \frac{M_j}{6h_j}(t - t_{j-1})^3 + C_1 t + C_2(C_2 \text{ 为常数}) \tag{4.14}$$

凭借插值条件 $r(t_{j-1}) = y_{j-1}$，$r(t_j) = y_j$ 能够计算出积分常数：

$$C_1 = \frac{h_j}{6}(M_{j-1} - M_j) + \frac{1}{h_j}(y_j - y_{j-1}),$$

$$C_2 = \frac{h_j}{6}(t_j M_j - t_{j-1} M_j) + \frac{1}{h_j}(t_j y_{j-1} - t_{j-1} y_j)$$

代入式（4.14），整理后可得出月度国债即期收益率：

$$r(t) = \frac{M_{j-1}}{6h_j}(t_j - t)^3 + \frac{M_j}{6h_j}(t - t_{j-1})^3 + \left(y_{j-1} - \frac{M_{j-1}h_j^2}{6}\right)\frac{t_j - t}{h_j}$$
$$+ \left(y_j - \frac{M_j h_j^2}{6}\right)\frac{t - t_{j-1}}{h_j} \tag{4.15}$$

其中，$t_{j-1} \leqslant t \leqslant t_j$，$h_j = t_j - t_{j-1}$，$j = 1, 2, \cdots, N+1$。

4.4.3　确定静态利差

依据定价时企业债券市场价格确定静态利差的主要思路是，用国债即期收益率加上固定利差，将其作为贴现因子对预期现金流进行贴现：现值如果等于市价，则该利差为该债券静态利差；如果不相等，运用试错法进行测算，直至现值与市价相等为止。

本书分别采用当前时点距下一付息日时长不超过 1 年的 AAA 级、AA + 级企业债券静态利差均值作为优先级、次优先级产品静态利差，定价时的企业债券静态利差计算公式为：

$$P_e = \sum_{t=0}^{n} \frac{c}{(1 + r_{v+t} + \Delta SS)^{v+t}} + \frac{A}{(1 + r_{v+n} + \Delta SS)^{v+n}} \qquad (4.16)$$

其中，P_e 为定价时企业债券市场价格；v 表示定价时点距离下一付息日时长占一年的比重；n 表示剩余到期期限向下取整；c 为债券各期利息；ΔSS 为该债券静态利差；A 为债券本金。

在确定优先级、次优先级债券静态利差后，通过下列公式即可进行优先级、次优先级债券定价：

$$P_P = \sum_{t=1}^{T_1} \frac{B_p \times r_3/12}{[1 + (r_t + \Delta SS_{AAA})/12]^t} + \frac{B_p}{[1 + (r_{T_1} + \Delta SS_{AAA})/12]^{T_1}} \qquad (4.17)$$

$$P_M = \sum_{t=1}^{T_2} \frac{B_M \times r_4/12}{[1 + (r_t + \Delta SS_{AA+})/12]^t} + \frac{B_M}{[1 + (r_{T_2} + \Delta SS_{AA+})/12]^{T_2}} \qquad (4.18)$$

其中，P_P 为优先级债券价格；P_M 为次优先级债券价格；B_P 为优先级债券规模；B_M 为次优先级债券规模；r_3、r_4 分别为优先级、次优先级债券票面利率；ΔSS_{AAA}、ΔSS_{AA+} 分别为优先级、次优先级债券静态利差；r_t 为第 t 月国债即期收益率；T_1、T_2 分别为优先级、次优先级债券存续期。

4.5 投机级证券化产品定价

投机级产品承担全部产品的提前偿付与违约风险，难以直接定价，可以采用蒙特卡洛模拟法间接确定，所以本书采用蒙特卡洛模拟法进行投机级产品定价。主要思路是：首先，确定投机级债券票面利率；其次，由 CIR 随机利率模型模拟生成 N 条随机利率路径，其中 N 要取值足够大；再次，根据提前偿付模型与违约率模型，确定 N 种情况下各期提前偿付额与违约额，计算各期应付利息及剩余本金，得到投机级债券未来各期现金流；最后，按照随机利率贴现投机级债券现金流，取 N 种情况平均值，作为投机级债券价格。

由上述步骤可知，确定投机级债券票面利率后，定价关键在于根据合适的随机利率模型、提前偿付模型与违约率模型模拟随机利率、确定提前偿付额与违约额。

4.5.1 确定票面利率

投机级海域使用权证券化产品定价，首先需确定投机级债券票面利率。以B－S期权定价模型为基础，结合资产池基础资产价值与产品规模比例关系，借鉴王丹丹和耿华（2007）观点，本书理论票面利率公式如下：

$$R_j = R_f - \frac{\ln\left\{\frac{V}{J}e^{R_f\tau}\left[N(d_1) - N(\hat{d}_1)\right] - \frac{S}{J}N(d_2) + \frac{S+J}{J}N(\hat{d}_2)\right\}}{\tau} \tag{4.19}$$

其中：$d_1 = \frac{\left[\ln\left(\frac{V}{S}\right) + R_f + \frac{\sigma^2\tau}{2}\right]}{\sigma\sqrt{\tau}}$；$d_2 = d_1 - \sigma\sqrt{\tau}$；$\hat{d}_1 = \frac{\left[\ln\left(\frac{V}{S+J}\right) + \left(R_f + \frac{\sigma^2}{2}\tau\right)\right]}{\sigma\sqrt{\tau}}$；$\hat{d}_2 = \hat{d}_1 - \sigma\sqrt{\tau}$。

V是资产池未来收益价值，S是投资级债券规模，J是投机级债券规模，R_f是无风险利率，R_j为投机级债券票面利率，σ为资产池价值波动率，τ为投机级债券存续期。

4.5.2 随机利率模型

随机利率模型包括Rendleman－Bartter模型（$dr = udt + \sigma dz$）、Vasicek模型（$dr = a(b - r)dt + \sigma dz$）与CIR模型。Rendleman－Bartter模型假设利率波动过程为一个带漂移项的简单维纳过程，但因利率波动具备明显的均值回复性，且利率不可能为负，故该假设不合理；Vasicek模型虽然考虑了均值回复性，但利率有可能出现负值。而由于CIR模型能保证利率不小于零、具备均值回归性，本书选取该利率随机模型：

$$dr = a(R_l - r_r(t))dt + \sigma_r\sqrt{r_r(t)}dz \tag{4.20}$$

其中，a为均值回复速度；R_l为随机利率的长期水平；$r_r(t)$为随机利率；σ_r为$r_r(t)$的波动率；dz表示标准布朗运动。

4.5.3 提前偿付模型

固定提前偿付率模型（Constant Prepayment Rate，CPR）与公共证券协会模型（Public Security Asociation，PSA）是学术界普遍采用的两种提前偿付模型。CPR 模型假定每年还款速度不变，即在固定提前偿付率下进行后续计算，假设过于简单。PSA 模型则考虑实际情况变动进行模拟，最终达到稳定值。例如，PSA100 中提前偿付率 PR 的确定如下：

$$\begin{cases} PR = \dfrac{6\% t}{30}, & t \leqslant 30 \\ PR = 6\%, & t > 30 \end{cases} \tag{4.21}$$

式（4.21）中，t 是产品存续月份，即以月表示的产品剩余期限，如产品剩余 3 年，则 $t=36$，以此类推。PSA200 提前还款的速度则加倍，以此类推。我国尚未积累海域使用权证券化产品提前偿付信息，真实提前偿付信息不足，所以本课题选用 PSA100 模型衡量提前偿付风险。

由于（1 - PR）表示年未提前偿付率，即 12 个月均未提前偿付，设单月提前偿付率为 P_t，则：

$$(1 - P_t)^{12} = 1 - PR \tag{4.22}$$

$$P_t = 1 - (1 - PR)^{\frac{1}{12}} \tag{4.23}$$

4.5.4 违约率模型

假设证券化产品存续期内违约率 D 服从对数正态分布，则：

$$dD = \mu Ddt + \sigma Ddz \tag{4.24}$$

由式（4.24）可得：

$$\ln D_t = N\left(\ln D_{t-1} + \left(\mu - \frac{\sigma^2}{2}\right),\ \sigma^2\right) \tag{4.25}$$

在每个还款期中，违约率可在结构分解分析（SDA）模型基础上予以分配，如 SDA100% 中年违约率 SDA 的确定：

$$
\begin{cases}
SDA=\dfrac{0.6\%t}{30},\ t\leqslant 30 \\
SDA=6\%,\ 30<t\leqslant 60 \\
SDA=\left(-\dfrac{0.285t}{30}+1.17\right)\%,\ 60<t\leqslant 120 \\
SDA=0.03\%,\ t>120
\end{cases}
\tag{4.26}
$$

与 PSA100、PSA200 相似，SDA200% 的违约率为 SDA100% 的两倍，以此类推。

由于（1 - SDA）表示年未违约概率，即 12 个月均未违约，设月违约率为 D_t，则：

$$(1-D_t)^{12}=1-SDA \tag{4.27}$$

$$D_t=1-(1-SDA)^{\frac{1}{12}} \tag{4.28}$$

4.5.5　投机级资产证券化产品定价模型

在上述三个模型假设下，第 t 期的实际现金流为：

$$CF_t=B_{t-1}(1-D_t)\frac{\left(1+\frac{R_0}{12}\right)^{12(T-t)+1}\times\frac{R_0}{12}}{\left(1+\frac{R_0}{12}\right)^{12(T-t)+1}-1}+B_{t-1}P_t \tag{4.29}$$

其中，B_{t-1}指的是第 t - 1 期末剩余本金；D_t 与 P_t 分别表示月度违约率与月度提前偿付率。

在进行 N 次模拟后，生成 N 条随机利率路径，因此投机级产品价格模型可写为：

$$\frac{1}{N}\sum_{n=1}^{N}\sum_{t=1}^{T}\frac{CF_t}{(1+r_t^n)^t}=\frac{1}{N}\sum_{n=1}^{N}\sum_{t=1}^{T}\frac{\left[B_{t-1}\times(1-D_t)\times\frac{\left(1+\frac{R_0}{12}\right)^{(T-t)+1}\times\frac{R_0}{12}}{\left(1+\frac{R_0}{12}\right)^{(T-t)+1}-1}+B_{t-1}\times P_t\right]}{\left(1+\frac{r_t^n}{12}\right)^t} \tag{4.30}$$

4.6 本章小结

首先，本章基于实物期权法确定基础资产价值；其次，进行海域使用权证券化产品设计；再次，识别海域使用权证券化产品定价影响因素及影响机制；最后，进行投资级及投机级资产证券化产品定价：采用静态利差法进行投资级产品定价，基于三次样条插值法确定模型中需要的国债即期收益率，依据企业债券市场价格确定不同优先级产品静态利差；采用蒙特卡洛模拟法进行投机级资产证券化产品定价，利用随机利率模型、提前偿付模型与违约率模型模拟随机利率、确定提前偿付金额及违约金额。

第 5 章

海域使用权证券化产品信用风险测度

信用风险是包括资产证券化在内的所有金融产品都会面临的主要风险。本部分从基础资产、发起人和第三方机构三方面分析海域使用权证券化信用风险来源，从累积性和系统性方面分析信用风险特征，并基于改进的 KMV 模型进行海域使用权证券化产品信用风险测度。

5.1 海域使用权证券化信用风险的主要来源

在海域使用权证券化中，信用风险主要来源于证券化业务本身（即基础资产）和证券化运作过程中的发起人及第三方机构。基础资产的信用风险是指因海域使用权获利能力受限，使用权人无法按时还本付息，无履约能力导致的风险；发起人和第三方机构的信用风险主要是因为在海域使用权证券化运作过程中，存在着道德风险和第三方风险，由此带来的信用风险是由发起人和第三方的品质决定的。

5.1.1 基础资产信用风险

基础资产是信用风险的主要来源，本课题主要测度海域使用权证券化的基础资产信用风险。海域使用权证券化的基础资产（资产池）是发行证券化产品的基础，其基础资产可由单项海域使用权组成，也可由来自不同行业背景、不同地区的多项同质海域使用权组合而成，资产池中每笔资产的现金流能够互相补充，有效分散风险。海域使用投资产品相对缺乏弹性，通常来说，消费者对于其需求不会出现太大波动，海域使用投资可产生比较稳定的未来现金流。但是，作为一项实物资产，海域使用权具有不同于其他金融资产的特征。例如，海洋自然灾害频发，多数海域使用投资项目自然灾害风险较大，可能使投资收益突变为零，海域使用投资风险远高于一般经济风险，不确定性更强，这些特征加大了海域使用权未来现金流的不稳定性，增加了基础资产信用风险。

5.1.2 发起人风险

发起人风险在海域使用权证券化过程中主要表现在发起人本身，即使用权人存在风险。发起人风险主要包括两个方面：一方面是信用风险，使用权人作为发起人，通常情况下对其所出售的实物资产质量是能够全面掌握的，因其在利用海域进行项目投资时会充分考虑项目带来的未来收益，做好详尽的项目可行性研究。但是，在披露海域使用权相关信息时，出于自身利益考量，使用权人有可能只将对 SPV 有利的信息告诉对方，将那些不利的信息进行刻意隐瞒。另一方面是提前偿付风险，即使用权人在规定时间内的偿还金额超出了偿还周期内所规定的还款本息金额。通常，海域使用权人提前偿付会使基础资产稳定性变差，导致资产池中的现金流承受不确定性风险。如果不进行提前偿付，那么在偿还期限内的偿还金额是由利息和本金组成；如果进行了债务提前偿还，那么基础资产未来现金流就会受影响。首先，现金流前端变大，如果提前偿付是市场利率下降引起的，会导致再投资风险；其次，随着偿还时间越来越短，偿还金额也在不断发生变化；最后，在本金偿还过程中，提前偿付的本金会降低利息偿还金额。提前偿付行为严重影响了基础资产池的现金流向，导致 SPV 向投资人支付本息时出现违约风险，提前偿付也让 SPV 过早收回了本金，但本金过早回收，如果无法在合适的时间里找到合理的投资渠道，会造成一定的损失。

5.1.3　第三方机构信用风险

海域使用权证券化是一个由信用增级机构、信用评级机构、承销机构、担保机构等多个第三方中介服务机构参与其中的过程，在这一过程中，任一参与方出现违约行为，那么各方利益都可能会遭受损害，必然会影响整个资产证券化过程。这里的第三方指的就是在海域使用权证券化过程中除海域使用权人和证券投资者之外参与到证券化业务中的其他参与方。第三方机构信用风险的具体表现有以下几种。

一是承销机构信用风险。承销机构信用风险是指承销商由于自身业务经营情况较差或是其他原因无法做到对基础资产进行管理或服务，影响了基础资产的品质和资产合约的履行，最终导致现金流无法实现，基础资产对证券化的支持得不到预期偿清的结果。承销商违约不仅导致债务人对债务的延迟支付，还会使证券产品信用受到严重影响，信用风险随之升高。

二是信用增级机构信用风险。要想降低风险就需要使用具有一定规模且多层次的信用增级，保证海域使用权证券化产品的信用质量维持在合适的等级之上。一般情况下，资产证券化可以通过外部增级进行信用支持，尤其对于由第三方提供全方位信用支持的证券来说，信用增级机构的信用等级也会影响证券产品的信用质量。如果信用增级机构的业务专业性或威信不高，信用增级效果会不明显，由此会影响到基础资产的信用等级。

三是其他第三方机构的信用风险。证券化过程中除了承销机构和信用增级机构以外，还有很多其他参与主体，如会计师事务所负责提供审计服务、律师事务所负责提供法律意见等，所以这些参与主体也间接影响债务人能否按时足额履约。如果这些参与主体缺乏有效的组织形式和运作规范性，不能客观、公正、独立地在资产证券化过程中提供服务，会造成资产证券化信用风险产生、扩散，损害投资方利益。

5.2 海域使用权证券化信用风险特征

基础资产是信用风险的主要来源，海域使用权证券化产品支付依赖基础资产未来现金流，鉴于海域使用权的实物期权特征及其面临的巨大的海洋自然灾害风险，在整个交易结构设计中充分考虑基础资产的信用风险因素，对海域使用权证券化信用风险特征进行分析显得尤为重要。作为一种证券化融资方式，海域使用权证券化的信用风险具有累积性和系统性。

5.2.1 累积性

信用风险的累积性是指信用风险自存在起，会持续累积、恶性循环并发生连锁反应，直到达到特定临界点突然爆发，从而导致信用危机。海域使用权证券化基础资产信用风险的链式反应如图 5.1 所示。

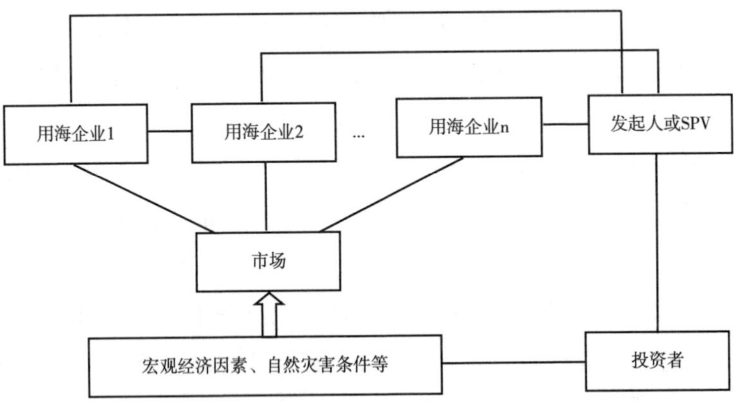

图 5.1 基础资产信用风险的链式反应

对债务人而言，一般是通过业务经营所得、出售某项资产或者通过其他途径获得资金来清偿债务，最主要的形式还是通过业务经营所得来偿还债务。因此，衡量证券化产品发起人的履约能力主要是依据其业务经营水平和获利能力。而业务经营水平与企业资本息息相关，资本是其安全、稳健运行的基础。对于海域使用权人来说，证券化过程中的风险并未完全转移，海域使用权人承担的剩余风险需要有足够的资本去应对，这就需要使用权人具有较高的资本充足性。

在宏观经济因素，如利率政策、财政政策、对外贸易、国际市场因素（国际海产品价格等）、市场结构、市场需求状况（包括个体消费和企业消费等）及海洋自然灾害综合作用下，海域使用投资项目可能经营不善，导致项目未来难以获得稳定经济收益，资金不能及时回笼。这种情况下，由于基础资产池中的资产同质性较强，当同时受到冲击后，可能每个海域使用权人都无法偿还其他企业的债务及银行贷款，n 个海域使用权人组成的基础资产池也无法偿还债券投资者的债务，所以海域使用权资产证券化信用风险的产生具有非线性的蔓延特征。一旦在某个环节出现信用风险，不仅影响证券发起人和投资者利益，还会产生连锁放大效应，影响证券化过程中的其他参与机构，甚至导致债务危机。

从对海域使用权证券化信用风险累积性特点的分析中可以看出，基础资产信用风险是分析的核心和基础，如果这个层面的信用风险没有得到合理测度，势必会影响证券化产品定价及发行的各个环节。

5.2.2　系统性

海域使用权证券化是一种重要的信用风险转移工具，使用权人通过证券化将风险分散给众多投资者，将原本承担的违约损失转移给投资银行、保险公司等机构及投资者。但资产证券化活动也增加了各参与方的关联性和风险扩散性，一旦核心机构破产，势必在整个资产证券化参与者中引起连锁反应，造成系统性信用风险。

5.3　基于改进的 KMV 模型测度海域使用权证券化产品信用风险

我国海域使用权证券化刚刚起步，缺乏产品违约概率历史数据等信用信息，所以采用不需要大量违约概率历史数据的 KMV 模型进行信用风险测度。KMV 模型是美国旧金山市 KMV 公司（该公司在 2002 年被穆迪收购）1997 年开发的一种信用风险测度模型。该模型建立在现代公司理财理论和金融期权理论基础上，利用上市公司资产市场价值、资产价值波动性、债务账面价值等数据，计算预期违约概率（Expected Default Frequency）来测度信用风险，故也称 EDF 模型。

5.3.1 KMV 模型基本理论框架

KMV 模型研究上市公司违约概率，认为有相同违约距离的公司具有相同的违约冲动。此模型建立在四个基本假设条件下：（1）企业股票价格满足随机过程、允许卖空、没有交易费用和税收、证券可分、无套利机会、证券交易连续、无风险利率稳定；（2）企业市场价值服从布朗运动，借款人资产收益服从正态分布；（3）借款人资本结构仅包括所有者权益、短期债务、长期债务和可转化的优先股四种；（4）标的资产价格变化服从伊藤过程。可见，KMV 模型是基于布莱克—舒尔斯—默顿（Black - Scholes - Merton）期权定价理论的。

KMV 模型的基本思路是通过比较企业资产市场价值与债务账面价值的大小来判断是否违约，并基于预期违约概率评估、管理公司信用风险。企业股权被视为企业价值的欧式看涨期权；标的资产价值为企业资产价值，执行价格为债务账面价值，执行日期为负债到期日；违约触发点被设定为与企业债务账面价值相等的企业资产价值。若债务到期时，企业资产市场价值超过债务账面价值，企业将偿还债务；否则，企业将违约。

5.3.2 改进后 KMV 模型的理论框架

本书对 KMV 模型加以改进，用于海域使用权证券化产品信用风险测度：首先，基于实物期权法和信息扩散技术计算、校正基础资产价值；其次，计算违约距离、求得预期违约概率，据此评估、管理公司信用风险。KMV 模型用于资产证券化信用风险测度时的理论框架为：通过比较各期实物资产价值与应偿还债券本息的大小来判断企业是否违约。对海域使用权证券化来说，即债券发行人把海域使用收益权“转移”给债券购买者，同时发行人可以通过偿还债券来赎回“转移”的海域使用收益权。债券到期时（到期日为T），若可用于偿还债务的海域使用权价值 $V_s(T)$ 超过债务偿还规模 B_T，发行人将偿还债券，“赎回”收益权；若 $V_s(T)$ 与 B_T 相等，为违约触发点；若 $V_s(T)$ 低于 B_T，发行人将违约。

5.3.3　改进后 KMV 模型的计算步骤

1. 实物期权法确定基础资产价值

具体过程见第 4 章第 4.1 节。

2. 信息扩散技术估计海洋自然灾害概率风险

根据郭君等（2017）对自然灾害概率风险的校正模型，本部分对海洋主要自然灾害——风暴潮灾害的概率风险进行评估，进而校正实物期权法计算的基础资产价值。

一般地，可以将风暴潮灾害风险 R 看作风暴潮发生强度的概率分布函数 P(x) 和受灾体脆弱性函数 F(x) 的乘积：

$$R = \lambda \sum_{i=1}^{n} P(x_i) F(x_i) dx \tag{5.1}$$

式（5.1）中，参数 λ 是一年内风暴潮的平均发生率；x_i 是第 $i(i=1, 2, \cdots, n)$ 次风暴潮强度因子（风暴潮发生时的最大增水值可综合代表风暴潮强度，选择最大增水值为 x_i 的度量指标）；P(x) 为最大增水值 x 的概率分布函数；直接经济损失是衡量灾害损失的重要指标，为了对比该海域在不同年份发生风暴潮时造成的损失，采用直接经济损失占所在年份该区域海洋生产总值的百分比即灾损率作为受灾体脆弱性的度量指标，F(x) 为最大增水值 x 与灾损率对应关系表征的脆弱性函数。

数据资料充分是用参数估计等常见统计方法较好地估计 P(x)、用最小二乘法等方法较好地拟合 F(x) 的前提，而样本容量大于 30 才能认为数据较充分。30 年以上且具有一致性的某一海域风暴潮灾害数据很难找到，因此，风暴潮灾害风险分析是典型的小样本问题，用信息扩散技术从历史资料中学习 P(x) 和 F(x)，评估出来的风险更切合实际。

信息扩散技术估计风暴潮灾害概率风险主要由信息分配方法和信息扩散理论支持，主要包括信息分配法估计风暴潮强度的概率分布、正态信息扩散法识别受灾体脆弱性函数和计算风暴潮灾害概率风险 3 个步骤。

(1) 信息分配法估计风暴潮强度的概率分布。

首先，统计所研究海域历年历次风暴潮造成的最大增水值记录，得到风暴潮强度样本集：

$$X = \{x_1, x_2, \cdots, x_n\} \tag{5.2}$$

其次，根据样本容量 n 和式 (5.3) 计算直方图的渐近优化区间数 m：

$$m = 1.87(n-1)^{2/5} \tag{5.3}$$

再次，根据风暴潮强度样本集最值和按照 m 四舍五入取整后的渐近优化区间数，确定信息分配基本控制点（样本集最值区间的中点）、区间步长 Δ（相邻控制点最大增水值之差）和风暴潮强度变化区间，生成最大增水值样本的控制点集 Z：

$$Z = \{z_1, z_2, \cdots, z_m\} \tag{5.4}$$

最后，根据信息分配法估计得到监控点对应的软频率值，作为最大增水值的概率分布估计。具体是根据式 (5.5)，将 X 样本集中的 x_i 按照量 q_{ij} 分配给 Z 中的 z_j。公式如下：

$$q_{ij} = \begin{cases} \left(1 - \dfrac{|x_i - z_j|}{\Delta}\right), & |x_i - z_j| \leqslant \Delta \\ 0, & \text{其他} \end{cases} \tag{5.5}$$

其中，$\Delta = z_{j+1} - z_j$，$i = 1, 2, \cdots, n$，$j = 1, 2, \cdots, m$。令：

$$Q_j = \sum_{i=1}^{n} q_{ij} \tag{5.6}$$

可得到控制点 z_j 上的全部分配信息 Q_j，依次计算每个控制点所得的分配信息，可得 X 在 Z 上的原始信息分布，即得出 X 的软频率直方图，则：

$$p_j = \frac{Q_j}{n} \tag{5.7}$$

p_j 即为事件发生在“z_j 左右”的频率值。由于信息分配的实质就是用模糊边界取代传统直方图的分明边界，使小样本中的模糊过渡信息得以使用，计算出的频率值比传统频率直方图更靠近总体的概率值。因此，对小样本而言，式（5.8）作为风暴潮最大增水值概率分布的估计值，具有较高的精度，具体如下：

$$P=\{p(z_1),\ p(z_2),\ \cdots,\ p(z_m)\}=\{p_1,\ p_2,\ \cdots,\ p_m\} \tag{5.8}$$

（2）正态信息扩散法识别受灾体脆弱性函数。

步骤1：构建样本对集合。根据历年历次风暴潮的直接经济损失和对应年份海洋生产总值数据，确定每次风暴潮的灾损率。可得到反映因果关系的最大增水值 x 与灾损率 y 的样本对集合：

$$W=\{(x_1,\ y_1),\ (x_2,\ y_2),\ \cdots,\ (x_n,\ y_n)\} \tag{5.9}$$

步骤2：构建控制点集。根据计算精度要求，选取较 Δ 小的小步长 Δ_x 和 Δ_y，分别确定最大增水值和灾损率的控制点集 U 和 V 如下：

$$U=\{u_1,\ u_2,\ \cdots,\ u_m\} \tag{5.10}$$

$$V=\{v_1,\ v_2,\ \cdots,\ v_t\} \tag{5.11}$$

从理论上讲，正态扩散的控制点应尽可能多，但通常根据观测点的精度进行选取，因为太多的控制点除增加计算工作量外，对提高识别精度帮助不大。

步骤3：计算扩散信息。利用二维正态扩散式（5.12），将样本对集合 W 中样本点（x_i，y_i）所携带的信息按量 μ_{ikl} 扩散到论域 U、V 的（u_k，v_l），即：

$$\mu_{ikl}=\frac{1}{2\pi h_x h_y}\exp\left[-\frac{(u_k-x_i)^2}{2h_x^2}-\frac{(v_l-y_i)^2}{2h_y^2}\right] \tag{5.12}$$

其中，扩散系数 h_x 的公式计算如下：

$$h_x=\begin{cases}0.8146(b-a), & n=5\\ 0.5690(b-a), & n=6\\ 0.4560(b-a), & n=7\\ 0.3860(b-a), & n=8\\ 0.3362(b-a), & n=9\\ 0.2986(b-a), & n=10\\ 2.6851(b-a)/(n-1), & n\geqslant 11\end{cases} \tag{5.13}$$

式（5.13）中 $b=\max\limits_{1\leqslant i\leqslant n}\{x_i\}$，$a=\min\limits_{1\leqslant i\leqslant n}\{x_i\}$。同理可计算 h_y。

步骤4：生成原始信息矩阵。令：

$$Q_{kl}=\sum_{i=1}^{n}\mu_{ikl} \tag{5.14}$$

得到 W 在 U×V 上的原始信息矩阵 Q：

$$Q=\begin{matrix} & v_1 & v_2 & \cdots & v_t \\ u_1 & Q_{11} & Q_{12} & \cdots & Q_{1t} \\ u_2 & Q_{21} & Q_{22} & \cdots & Q_{2t} \\ \vdots & \vdots & \vdots & & \vdots \\ u_w & Q_{w1} & Q_{w2} & \cdots & Q_{wt}\end{matrix} \tag{5.15}$$

步骤5：生成模糊关系矩阵。对矩阵 Q 各列进行归一化处理，生成模糊关系矩阵 R_v：

$$\begin{cases} R_f=\{r_{kl}\}_{w\times t} \\ r_{kl}=Q_{kl}/s_l \\ s_l=\max\limits_{1\leqslant k\leqslant w}Q_{kl}\end{cases} \tag{5.16}$$

步骤6：计算脆弱性函数。根据二维正态信息扩散原理和模糊近似推理方法，当最大增水输入值为 x_0 时，可由信息分配公式推导出论域 U 上的输入模糊集 $\tilde{x}_0$：

$$\tilde{x}_0=\mu_{x_0}(u_k)=\begin{cases}1-\dfrac{|x_0-u_k|}{\Delta_x}, & |x_0-u_k|\leqslant\Delta_x \\ 0, & 其他\end{cases} \tag{5.17}$$

式（5.17）中，$\Delta_x=u_{k+1}-u_k$，$k=1, 2, \cdots, w$。

根据式（5.18），由 x_0 和 R 可推导出论域 V 上的输出模糊集 $\tilde{y}_0$ 如下：

$$\tilde{y}_0=\mu_{y_0}(v_l)=\sum_{1\leqslant k\leqslant w}\mu_{x_0}(u_k)\times r_{kl}, \quad l=1, 2, \cdots, t \tag{5.18}$$

利用式（5.19）的重心法，可将 $\tilde{y}_0$ 非模糊化为一个分明输出值 y_0：

$$y_0=\frac{\sum\limits_{1\leqslant l\leqslant t}\mu_{y_0}(v_l)\times v_l}{\sum\limits_{1\leqslant l\leqslant t}\mu_{y_0}(v_l)} \tag{5.19}$$

在小样本条件下，$F(x_0)=y_{x_0}$ 能较好地反映风暴潮最大增水值和灾损率之间的因果关系，是精度较高的脆弱性函数。

由于式（5.8）作为风暴潮最大增水值概率分布的估计，只对式（5.4）中信息分配法的控制点集 Z 有效，所以脆弱性函数需要使用式（5.4）中较少的控制点而不是式（5.10）中较多的控制点推导灾损率。设 z_0 是式（5.4）中的一个值，用信息分配式（5.17）生成对应的输入模糊集，由式（5.18）生成对应的输出模糊集，由式（5.19）可得对应的分明输出值。让 z_0 依次取式（5.4）的所有点，可得信息分配法的控制点集 Z 对应的脆弱性函数 $F(z_j)$。

$$F(z_j)=\{f(z_1),\ f(z_2),\ \cdots,\ f(z_m)\}=\{y_{z_1},\ y_{z_2},\ \cdots,\ y_{z_m}\} \tag{5.20}$$

（3）计算风暴潮灾害概率风险。

将信息分配法估计的概率分布函数 $P(z_j)$ 和正态信息扩散法识别的脆弱性函数 $F(z_j)$ 代入式（5.1），即得到年风暴潮灾害概率风险 R。

（4）校正海域使用权价值。

将不发生风暴潮灾害的概率风险（1 - R）与初步计算的基础资产价值相乘即得到校正的基础资产价值。

3. 计算预期违约概率

确定海域使用权价格后，结合用海面积计算海域使用权价值作为证券化产品基础资产价值。海域投资项目价值随时间变化而变化，假设任一时刻 t 海域使用权价值 $V_s(t)$ 服从几何布朗运动①，则：

$$\frac{dV_s}{V_s}=\mu_s dt+\sigma_s dz,\quad t>0 \tag{5.21}$$

其中，μ_s 和 σ_s 分别为海域使用权价值增长率均值和波动率，z 为维纳过程（布朗运动）。

令 t = 0 时，$V_s(0)=V_{s_0}$，解随机微分方程（5.21）可得海域使用权在 t 时刻的价值：

$$V_s(t)=V_{s_0}\cdot\exp\left\{\left(\mu_s-\frac{1}{2}\sigma_s^2\right)t+\sigma_s z\right\} \tag{5.22}$$

---

① 此假设的合理性：研究已表明，海域使用投资项目价值服从几何布朗运动的假定是合理的（闻德美等，2016）。海域资源价值即为利用海域资源投资机会的价值，其价值变动与海域使用投资项目价值变动是类似的。

令 t>0 时，海域使用权价值服从几何布朗运动意味着未来 t 时刻海域使用权价值的对数 $\ln V_s(t)$ 服从正态分布，则 t=T 时，其均值和方差关系如下：

$$E[\ln V_s(T)] = \ln V_{s_0} + \mu_s T - \frac{1}{2}\sigma_s^2 T \tag{5.23}$$

$$Var[\ln V_s(T)] = \sigma_s^2 T \tag{5.24}$$

当债券到期即 t=T 时，如果海域使用权价值 $V_s(T)$ 小于应当偿还的债务 B_T 就会导致海域使用权持有人违约，预期违约概率（Expected Default Frequency，EDF）可以表示为：

$$EDF = P[V_s(T) < B_T] = P[\ln V_s(T) < \ln B_T] \tag{5.25}$$

即：

$$EDF = \left[-\frac{\ln V_s(T) - \ln B_T + \left(\mu_s - \frac{1}{2}\sigma_s^2\right)T}{\sigma_s\sqrt{T}} \leqslant \varepsilon \right] \tag{5.26}$$

ε 表示从标准正态分布中取的一个随机值，根据累积正态分布，得：

$$EDF = N\left[-\frac{\ln V_s(T) - \ln B_T + \left(\mu_s - \frac{1}{2}\sigma_s^2\right)T}{\sigma_s\sqrt{T}} \right] = N(-DD) \tag{5.27}$$

其中，N(·) 为标准正态累积分布函数，违约距离（Default Distance，DD）表示海域使用权价值的期望值到违约点之间的距离，为：

$$DD = \frac{\ln V_s(T) - \ln B_T + \mu_s T - \frac{1}{2}\sigma_s^2 T}{\sigma_s\sqrt{T}} \tag{5.28}$$

根据式（5.27），可计算海域使用权证券化产品不同发行规模对应的预期违约概率，进而确定安全发行规模。此处需要说明，在金融分析中，一般假设资产价值服从正态分布或对数正态分布，但在实证研究中，大多数资产价值分布呈“尖峰厚尾”型（Anderson，1996；李景峰和王继光，2011）。由于海域空间资源价值服从对数正态分布的合理性有待实证检验，加之我国信用体系不够完善，没有足够的证券化产品违约数据来确定违约距离与预期违约率之间的映射关系，因此，我们得到的预期违约概率只是理论值，不是经验值。

5.4　本章小结

首先，本章从基础资产特点出发，分析海域使用权资产证券化信用风险的主要来源，即基础资产信用风险、发起人信用风险和第三方信用风险；其次，介绍海域使用权证券化的信用风险特征，即累积性和系统性；最后，对KMV模型加以改进，用于海域使用权证券化产品信用风险测度，提出安全发债比率及规模。

第 6 章

案例分析

本部分选取山东半岛 A 市 X 港堆场扩建回填一期工程项目（以下简称“堆场扩建项目”）及通用码头工程项目（以下简称“码头项目”）、B 市 Y 港散杂货堆场工程项目（以下简称“散杂货堆场项目”）三处建设用填海造地海域使用权项目组建资产池，进行海域使用权证券化产品定价及信用风险测度案例分析。实际数据属于商业秘密，本书进行了数据脱密处理，并进行学术展现。

6.1 基础资产价值确定

依据海域使用权定价公式（4.4）确定基础资产——填海造地海域使用权价值，模型中相关变量确定如下。

（1）项目价值增长率（μ）：填海造地项目建成后的土地价值反映了海域投资项目价值，可用地价增长率表示项目价值增长率。表 6.1 列示了 2007 ~ 2017 年项目所在地山东省 A 市、B 市和环渤海地区工业地价增长率①，A 市和 B 市地价增长率均值分别为 1.62%、2.34%，低于同期无风险收益率，与经济理论相悖。环渤海地区地价增长率均值为 4.21%，更符合实际，因此取环渤海地区地价增长率均值 4.21% 作为项目价值增长率。

① 据资产池中各项目《可行性报告》，项目所属工程均为工业工程，故本课题选择工业地价计算填海造地建成后的土地增长率。

表 6.4　　AAA 级、AA + 级企业债静态利差

AAA 级企业债			AA + 级企业债		
债券名称	剩余到期期限（年）	静态利差（bps）	债券名称	剩余到期期限（年）	静态利差（bps）
17 盐国资	6.41	189.763	13 瑞水泥	3.06	363.843
16 翰瑞 01	5.25	144.238	11 常城建	0.28	279.925
15 通高新	4.76	176.093	11 武经发	0.12	337.579
15 武铁 01	12.25	223.289	12 西电梯	0.82	273.239
16 普兰店	5.03	157.987	12 方大 01	0.11	495.981
10 长城投	2.36	201.959	09 华菱债	0.10	338.466
09 三峡债	8.32	151.494	14 天瑞 02	6.45	670.025
09 济城建	1.20	174.309	15 天瑞 01	3.01	499.807
14 京投债	11.25	280.375	12 方大 02	1.11	427.651
12 鲁高速	4.07	186.982	11 宁农债	0.84	333.322
16 丹投债	5.03	128.139	12 沪临港	1.91	237.242
14 滇公路	2.28	260.036	12 黔铁债	4.20	307.294
13 海航债	2.25	327.519	PR 宁江开	6.25	544.639
06 大唐债	8.09	168.778	09 咸城投	1.71	293.337
13 武续债	0.79	278.590	12 常交债	1.60	270.464
03 沪轨道	0.10	148.884	11 石城投	3.15	269.169
13 宁铁路	2.39	158.915	13 大丰港	2.32	278.773
12 白药债	1.21	204.952	13 永利债	1.79	538.254
11 兴庐债	3.31	218.017	12 宁宝源	1.85	547.005

资料来源：笔者根据 Wind 数据库 2018 年 1 月 10 日数据计算得到。

由此可得 AAA + 级债券静态利差均值为 198.964bps，即 1.9896%；AA + 级债券静态利差均值为 384.527bps，即 3.8453%。结合表 6.3 数据进而可以得到优先级债券与次优级债券的贴现率，如图 6.2 所示。

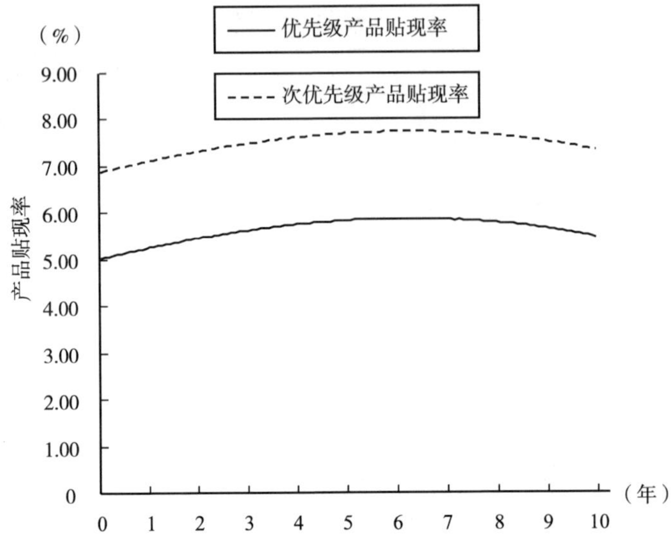

图 6.2　优先级、次优先级资产证券化产品贴现率

将表 6.3 数据与 AAA 级与 AA + 级企业债券静态利差带入式（4.17）、式（4.18），得到不同优先级产品价格。产品相应信息与价格如表 6.5 所示。

表 6.5　投资级海域使用权证券化产品信息

产品级别	发行规模（万元）	产品期限（月）	票面利率（%）	静态利差（%）	产品估值（万元）
优先级债券	16386.30	84	4.0	1.9896	14657.0
次优级债券	3277.26	120	4.5	3.8453	2608.4

6.2.2　投机级债券定价

对于式（4.19）中涉及的部分参数，需结合资产池要素进行数值确定。

（1）V、S 和 J 的确定。

依据经验安全发债比率 90% 及各级海域使用权证券化产品规模的比例关系，海域使用权资产池未来收益价值 V 为 21848.4 万元，投资级债券规模 S 为 19663.56 万元，投机级债券规模 J 为 2184.84 万元。

将表 6.2 的数据带入式（4.12），可以得到分段插值函数，如下：

$$
r(t)=\begin{cases}
-0.0007\times t^{3}-0.0133\times t^{2}+0.2441\times t^{1}+3.0387,\ t\in[0,\ 4) \\
-0.0007\times(t-4)^{3}-0.0214\times(t-4)^{2}+0.1055\times(t-4)^{1}+3.7595,\ t\in[4,\ 6) \\
0.0118\times(t-6)^{3}-0.0254\times(t-6)^{2}+0.0120\times(t-6)^{1}+3.8797,\ t\in[6,\ 7) \\
-0.0004\times(t-7)^{3}+0.0100\times(t-7)^{2}-0.0034\times(t-7)^{1}+3.8781,\ t\in[7,\ 12) \\
-0.0004\times(t-12)^{3}+0.0044\times(t-12)^{2}+0.0683\times(t-12)^{1}+4.0637,\ t\in[12,\ 30]
\end{cases} \tag{6.1}
$$

根据式（6.1）可以得到以标准年为单位的月度国债即期收益率（见表 6.3），相应国债收益率曲线如图 6.1 所示。

表 6.3　标准年为单位的月度国债即期收益率

年度	0.08	0.17	0.25	0.33	0.42	0.5	0.58	0.67	0.75	0.83	0.92	1.00
收益率（%）	3.06	3.08	3.10	3.12	3.14	3.16	3.18	3.20	3.21	3.23	3.06	3.08
年度	1.08	1.17	1.25	1.33	1.42	1.5	1.58	1.67	1.75	1.83	1.92	2.00
收益率（%）	3.29	3.31	3.32	3.34	3.36	3.37	3.39	3.41	3.42	3.44	3.45	3.47
年度	2.08	2.17	2.25	2.33	2.42	2.5	2.58	2.67	2.75	2.83	2.92	3.00
收益率（%）	3.48	3.50	3.51	3.53	3.54	3.56	3.57	3.58	3.60	3.61	3.62	3.63
年度	3.08	3.17	3.25	3.33	3.42	3.5	3.58	3.67	3.75	3.83	3.92	4.00
收益率（%）	3.64	3.66	3.67	3.68	3.69	3.70	3.71	3.72	3.73	3.74	3.75	3.76
年度	4.08	4.17	4.25	4.33	4.42	4.5	4.58	4.67	4.75	4.83	4.92	5.00
收益率（%）	3.77	3.78	3.78	3.79	3.80	3.81	3.81	3.82	3.83	3.83	3.84	3.84
年度	5.08	5.17	5.25	5.33	5.42	5.5	5.58	5.67	5.75	5.83	5.92	6.00
收益率（%）	3.85	3.85	3.86	3.86	3.86	3.87	3.87	3.87	3.88	3.88	3.88	3.88
年度	6.08	6.17	6.25	6.33	6.42	6.5	6.58	6.67	6.75	6.83	6.92	7.00
收益率（%）	3.88	3.88	3.88	3.88	3.88	3.88	3.88	3.88	3.87	3.87	3.87	3.87

续表

年度	7.08	7.17	7.25	7.33	7.42	7.5	7.58	7.67	7.75	7.83	7.92	8.00
收益率（%）	3.86	3.86	3.85	3.85	3.84	3.84	3.83	3.83	3.82	3.81	3.80	3.80
年度	8.08	8.17	8.25	8.33	8.42	8.5	8.58	8.67	8.75	8.83	8.92	9.00
收益率（%）	3.79	3.78	3.77	3.76	3.75	3.74	3.73	3.72	3.71	3.70	3.68	3.67
年度	9.08	9.17	9.25	9.33	9.42	9.5	9.58	9.67	9.75	9.83	9.92	10.00
收益率（%）	3.66	3.64	3.63	3.61	3.60	3.58	3.57	3.55	3.53	3.52	3.50	3.48

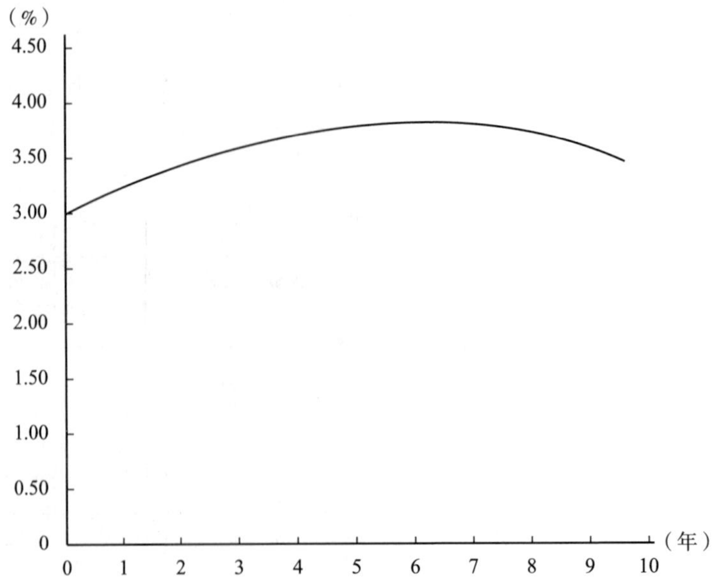

图 6.1　月度国债即期收益率曲线

据此可以得到期限更为精确的（如精确到 0.01 年的）国债即期收益率，结合企业债评级信息、定价当日市场价格及剩余到期期限，依据式（4.14），利用 MATLAB 软件采取试错法对每只企业债的静态利差进行计算（运行程序见附录 1），剔除奇异值后最终选取 AAA 级、AA + 级企业债各 19 只作为代表性样本用以计算静态利差值。计算结果如表 6.4 所示。

表 6.4　　　　　　　　**AAA 级、AA + 级企业债静态利差**

AAA 级企业债			AA + 级企业债		
债券名称	剩余到期期限（年）	静态利差（bps）	债券名称	剩余到期期限（年）	静态利差（bps）
17 盐国资	6.41	189.763	13 瑞水泥	3.06	363.843
16 翰瑞 01	5.25	144.238	11 常城建	0.28	279.925
15 通高新	4.76	176.093	11 武经发	0.12	337.579
15 武铁 01	12.25	223.289	12 西电梯	0.82	273.239
16 普兰店	5.03	157.987	12 方大 01	0.11	495.981
10 长城投	2.36	201.959	09 华菱债	0.10	338.466
09 三峡债	8.32	151.494	14 天瑞 02	6.45	670.025
09 济城建	1.20	174.309	15 天瑞 01	3.01	499.807
14 京投债	11.25	280.375	12 方大 02	1.11	427.651
12 鲁高速	4.07	186.982	11 宁农债	0.84	333.322
16 丹投债	5.03	128.139	12 沪临港	1.91	237.242
14 滇公路	2.28	260.036	12 黔铁债	4.20	307.294
13 海航债	2.25	327.519	PR 宁江开	6.25	544.639
06 大唐债	8.09	168.778	09 咸城投	1.71	293.337
13 武续债	0.79	278.590	12 常交债	1.60	270.464
03 沪轨道	0.10	148.884	11 石城投	3.15	269.169
13 宁铁路	2.39	158.915	13 大丰港	2.32	278.773
12 白药债	1.21	204.952	13 永利债	1.79	538.254
11 兴庐债	3.31	218.017	12 宁宝源	1.85	547.005

资料来源：笔者根据 Wind 数据库 2018 年 1 月 10 日数据计算得到。

由此可得 AAA + 级债券静态利差均值为 198.964bps，即 1.9896%；AA + 级债券静态利差均值为 384.527bps，即 3.8453%。结合表 6.3 数据进而可以得到优先级债券与次优级债券的贴现率，如图 6.2 所示。

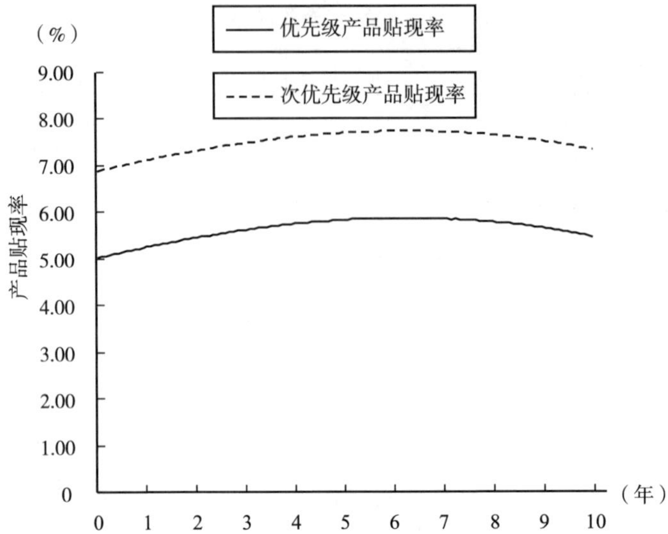

图 6.2　优先级、次优先级资产证券化产品贴现率

将表 6.3 数据与 AAA 级与 AA + 级企业债券静态利差带入式（4.17）、式（4.18），得到不同优先级产品价格。产品相应信息与价格如表 6.5 所示。

表 6.5　投资级海域使用权证券化产品信息

产品级别	发行规模（万元）	产品期限（月）	票面利率（%）	静态利差（%）	产品估值（万元）
优先级债券	16386.30	84	4.0	1.9896	14657.0
次优级债券	3277.26	120	4.5	3.8453	2608.4

6.2.2　投机级债券定价

对于式（4.19）中涉及的部分参数，需结合资产池要素进行数值确定。

（1）V、S 和 J 的确定。

依据经验安全发债比率 90% 及各级海域使用权证券化产品规模的比例关系，海域使用权资产池未来收益价值 V 为 21848.4 万元，投资级债券规模 S 为 19663.56 万元，投机级债券规模 J 为 2184.84 万元。

（2）R_f 的确定。

由于投机级债券存续期为 15 年，因此无风险收益率 R_f 应采用距离投机级债券发行日期最近的 15 年期国债收益率。本书选取中债登公司 2018 年 1 月 5 日发布的 15 年期中债国债到期收益率为标准，为 4.1943%。

（3）σ 的确定。

由于申请海域使用权的公司涉及各个行业，申请用海的公司包含上市公司与非上市公司，因此选择其中一家上市公司股价波动率作为资产池价值波动率没有代表性。本书假定 σ 为 15%（闻德美等，2016），确定更为准确的 σ 是今后研究的方向。

（4）τ 的确定。

由于投机级债券存续期为 15 年期，因此 τ = 15。

将上述参数带入式（4.19），可以得到 $R_j = 4.71\%$。

票面利率确定后需进行 CIR 随机利率模型式（4.20）参数的估计，本课题用 MATLAB 对 2006 年 1 月至 2017 年 12 月的三个月 Shibor 进行处理，采用 OLS 求出模型参数值，结果为 $a = 0.0219$、$R_l = 12.8668$、$\sigma_r^2 = 0.2868$。亦即：

$$dr = 0.0219(12.8668 - r_r(t))dt + 0.2868\sqrt{r_r(t)}dz \qquad (6.2)$$

根据式（6.2）的 CIR 模型得出的一条利率模拟路径如图 6.3 所示。

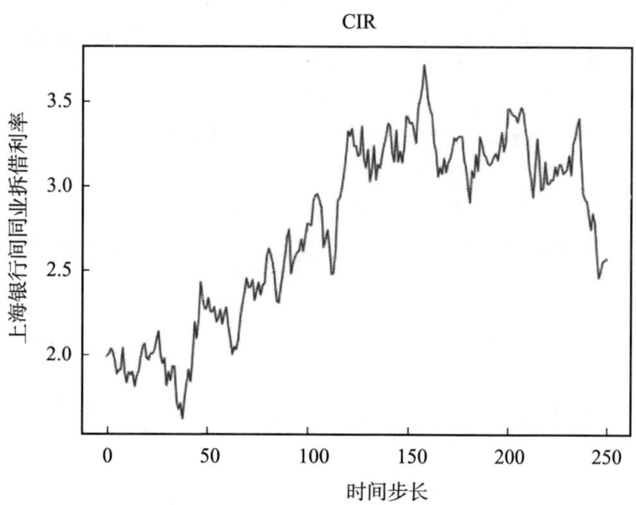

图 6.3　CIR 模型模拟利率路径

结合 PSA100 提前偿付模型与 SDA100 违约率模型，依据式（4.29），通过 MATLAB 计算各项目每期贴现现金流并加总，采用蒙特卡洛模拟法进行模拟得到投机级债券价格。

在蒙特卡洛检验中，随着模拟路径的增加，误差逐渐减小。戴维森（Davidson，1994）发现模拟次数为 1000 时已能令误差降低到极低水平。经本课题试验验证，模拟 1000 次以上的数值已非常接近，通过 MATLAB 计算的投机级债券总价为 1621.6 万元（运行程序见附录 2），对应 1000 次模拟下的利率路径如图 6.4 所示。

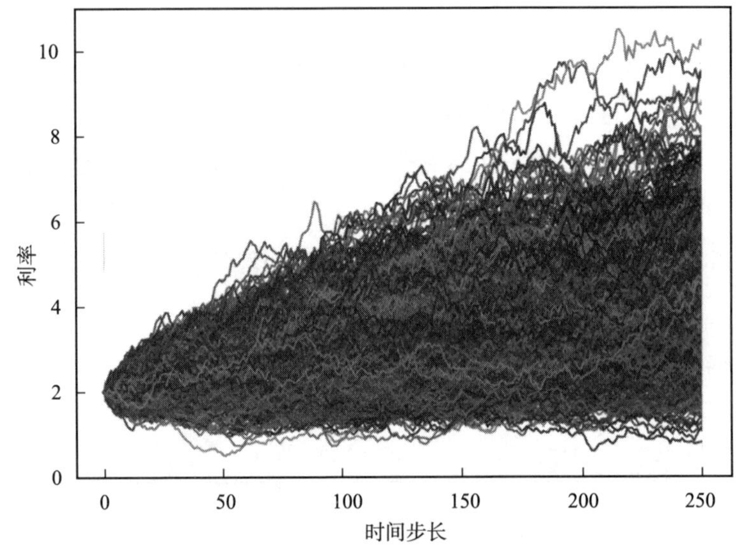

图 6.4　1000 次模拟下随机利率路径分布

6.3　基于改进的 KMV 模型确定安全发债比率

6.3.1　信息扩散技术修正海域使用权价值

（1）信息分配法估计最大增水值的概率分布函数。

首先，构建样本集。根据《中国海洋灾害公报》统计 2008～2017 年全国①历年历次风暴潮最大增水值记录（附录3），最大增水值基本位于［103，399］厘米之间，最大增水值82厘米和495厘米属于离群值，为合理反映主要风暴潮最大增水值的分布，剔除离群值，得到10年32次主要风暴潮最大增水值样本集：

$$X = \{x_1, x_2, \cdots, x_{32}\} = \{156, 210, 109, 232, 210, 176, 196, 162, 116, 159, 399, 132, 323, 145, 178, 260, 241, 201, 375, 138, 392, 211, 312, 225, 232, 288, 112, 222, 115, 103, 128, 279\} \quad (6.3)$$

其次，确定直方图渐近优化区间数，构建控制点集。根据样本容量32和式（5.3）确定直方图的渐近优化区间数m为7.39，按照四舍五入取整，划分为7个区间。又因为样本值在［103，399］厘米之间，故取其中点251厘米为信息分配基本控制点，整数步长Δ为43厘米。由于信息分配法的实质是模糊边界，总区间范围会比传统直方图计算的区间范围大，因此在基本控制点两端分别向外扩充一个控制点，则起点为79厘米，风暴潮强度变化区间为［79，423］厘米，最大增水值样本控制点空间为Z：

$$Z = \{z_1, z_2, \cdots, z_9\} = \{79, 122, 165, 208, 251, 294, 337, 380, 423\} \quad (6.4)$$

最后，计算软频率。根据一维线性分配公式（5.5），将X中样本的x_i携带的信息按照量q_{ij}分配给Z中的z_j，可得风暴潮最大增水值的概率分布估计，结果如下：

$$P(z_j) = \{p(z_1), p(z_2), \cdots, p(z_9)\} = \{0.0400, 0.2144, 0.1795, 0.2297, 0.1548, 0.0821, 0.0378, 0.0676, 0.0226\} \quad (6.5)$$

（2）正态信息扩散法识别脆弱性函数。

步骤1：构建样本对集。基于2008～2017年全国历年历次风暴潮强度

① 未用山东省相关数据的原因：首先，相关网站及数据库均未完全披露历年登陆山东省的风暴潮最大增水值数据；其次，全国数据代表了全国范围内濒海省市风暴潮灾害发生概率风险的平均水平，可用来近似代替山东省风暴潮灾害发生概率风险。根据具体区域海洋灾害发生次数及造成的直接经济损失等数据详细评估该地区的海洋灾害发生概率风险是今后的细化研究方向。

（附录3，剔除离群值）及对应灾损率（附录4），得到样本对集如下：

$$
\begin{aligned}
W &= \{(x_1, y_1), (x_2, y_2), \cdots, L(x_{32}, y_{32})\} \\
&= \{(156, 0.0005), (210, 0.0045), (109, 0), (232, 0.0010), \\
&\quad (210, 0.0008), (176, 0.0002), (196, 0.0008), \\
&\quad (162, 0.0007), (116, 0), (159, 0.0001), (399, 0.0007), \\
&\quad (132, 0), (323, 0.0008), (145, 0.0001), (178, 0.0008), \\
&\quad (260, 0.0004), (241, 0.0001), (201, 0.0012), (375, 0.0006), \\
&\quad (138, 0), (392, 0.0013), (211, 0), (312, 0.0002), \\
&\quad (225, 0.0004), (232, 0.0004), (288, 0), (112, 0.0001), \\
&\quad (222, 0.0001), (115, 0.0001), (103, 0), (128, 0), \\
&\quad (279, 0.0007)\}
\end{aligned} \tag{6.6}
$$

步骤2：构建控制点集。根据计算精度要求，取风暴潮最大增水值输入控制点集U的步长为信息分配法中步长的1/2，即 $\Delta_x = 21.5$ 厘米，区间仍为［79，423］厘米，共17个控制点，形成风暴潮最大增水值控制点集，见式（6.7）。灾损率输出控制点集V的控制点个数与U的保持一致，也是17个，步长 Δ_y 为0.0003，区间范围为［0.0000，0.0048］，形成相应灾损率的控制点集，如下：

$$
\begin{aligned}
U = \{u_1, u_2, \cdots, u_{17}\} &= \{79, 100.5, 122, 143.5, 165, 186.5, 208, \\
&\quad 229.5, 251, 272.5, 294, 315.5, 337, 358.5, 380, 401.5, 423\}
\end{aligned} \tag{6.7}
$$

$$
\begin{aligned}
V &= \{v_1, v_2, \cdots, v_{17}\} \\
&= \{0.0000, 0.0003, 0.0006, 0.0009, 0.0012, 0.0015, 0.0018, \\
&\quad 0.0021, 0.0024, 0.0027, 0.0030, 0.0033, 0.0036, 0.0039, \\
&\quad 0.0042, 0.0045, 0.0048\}
\end{aligned} \tag{6.8}
$$

步骤3：计算扩散信息。利用二维正态扩散式（5.12），将样本对集合W中样本点（x_i，y_i）所携带的信息按量 μ_{ikl} 扩散到论域U，V。其中扩散系数 h_x 可由样本最大值399、最小值103及样本容量32根据式（5.13）计算，得 $h_x = 25.6384$，同理可得，$h_y = 0.00039$。

步骤4：生成原始信息矩阵。根据式（5.14）得到W在U×V上的原始信息矩阵Q（实现程序见附录5），如式（6.9）所示：

$$
Q=\begin{array}{c}
\\
79.0\\
100.5\\
122.0\\
\vdots\\
380.0\\
401.5\\
423.0
\end{array}
\begin{array}{c}
\begin{array}{ccccccc}
0.0000 & 0.0003 & 0.0006 & \cdots & 0.0042 & 0.0045 & 0.0048
\end{array}\\
\begin{bmatrix}
42.6192 & 98.5010 & 135.3388 & \cdots & 7.2544 & 5.9158 & 2.9563\\
34.5843 & 81.2839 & 116.6266 & \cdots & 19.4564 & 16.6346 & 8.4425\\
15.7913 & 38.5084 & 61.4156 & \cdots & 30.9953 & 27.2708 & 14.0131\\
\vdots & \vdots & \vdots & & \vdots & \vdots & \vdots\\
0.0000 & 0.0013 & 0.0340 & \cdots & 0.0000 & 0.0000 & 0.0000\\
0.0000 & 0.0017 & 0.0440 & \cdots & 0.0000 & 0.0000 & 0.0000\\
0.0000 & 0.0012 & 0.0315 & \cdots & 0.0000 & 0.0000 & 0.0000
\end{bmatrix}
\end{array}
\tag{6.9}
$$

步骤5：生成模糊关系矩阵。根据式（5.16），对矩阵Q各列进行归一化处理，生成模糊关系矩阵 R_v（实现程序见附录5）：

$$
R_v=\begin{array}{c}
\\
79.0\\
100.5\\
122.0\\
\vdots\\
380.0\\
401.5\\
423.0
\end{array}
\begin{array}{c}
\begin{array}{ccccccc}
0.0000 & 0.0003 & 0.0006 & \cdots & 0.0042 & 0.0045 & 0.0048
\end{array}\\
\begin{bmatrix}
1.0000 & 1.0000 & 1.0000 & \cdots & 0.2288 & 0.2047 & 0.1974\\
0.8115 & 0.8252 & 0.8617 & \cdots & 0.6135 & 0.5757 & 0.5638\\
0.3705 & 0.3909 & 0.4538 & \cdots & 0.9774 & 0.9438 & 0.9358\\
\vdots & \vdots & \vdots & & \vdots & \vdots & \vdots\\
0.0000 & 0.0000 & 0.0003 & \cdots & 0.0000 & 0.0000 & 0.0000\\
0.0000 & 0.0000 & 0.0003 & \cdots & 0.0000 & 0.0000 & 0.0000\\
0.0000 & 0.0000 & 0.0002 & \cdots & 0.0000 & 0.0000 & 0.0000
\end{bmatrix}
\end{array}
\tag{6.10}
$$

步骤6：计算脆弱性函数。由于式（6.5）作为风暴潮最大增水值概率分布的估计值，只对式（6.4）中信息分配法的控制点集有效，所以脆弱性函数需要使用式（6.4）中较少的控制点而不是式（6.7）中较多的控制点推导灾损率。根据式（6.4）中的控制点以及式（5.17）至式（5.20），可得式（6.4）中控制点集对应的脆弱性函数如下：

$$
\begin{aligned}
F(z_j) &= \{f(z_1),\ f(z_2),\ \cdots,\ f(z_9)\}\\
&= \{f(79),\ f(122),\ f(165),\ f(208),\ f(251),\ f(294),\ f(337),\\
&\quad f(380),\ f(423)\}\\
&= \{0.0003,\ 0.0005,\ 0.0014,\ 0.0020,\ 0017,\ 0.0009,\ 0.0014,\\
&\quad 0.0018,\ 0.00190\}
\end{aligned}
\tag{6.11}
$$

（3）计算风暴潮灾害概率风险。

根据2008～2017年历年登陆全国的主要风暴潮最大增水值纪录，十年内共发生34次风暴潮，则平均每年风暴潮发生数为3.4次。

将式（6.5）中的风暴潮最大增水值概率分布、式（6.11）中的脆弱性函数值和λ=3.4代入式（5.1），得到一年内风暴潮灾害概率风险如下：

$$\begin{aligned} R &= \lambda \sum_{j=1}^{9} P(z_j) \cdot F(z_j) \\ &= 3.4 \times (0.0400 \times 0.0003 + 0.2144 \times 0.0005 + 0.1795 \times 0.0014 \\ &\quad + 0.2297 \times 0.0020 + 0.1548 \times 0.0017 + 0.0821 \times 0.0009 \\ &\quad + 0.0378 \times 0.0014 + 0.0676 \times 0.0018 + 0.0226 \times 0.0019) \\ &= 0.00476 \end{aligned} \tag{6.12}$$

（4）校正海域使用权价值。

根据式（6.12）中的风暴潮灾害概率风险，修正后的基础资产价值为24276×(1－0.00476)=24160万元。

6.3.2 计算预期违约概率

一般来说，发债规模越大，违约距离越小，违约概率越大。本书以证券化产品基础资产价值为标准，等差选择五种不同发债规模，在相同项目价值增长率和项目价值波动率条件下，计算其违约概率（见表6.6）。表6.6中发债规模以基础资产价值24160万元为基础，以1000万元为等差间隔向下浮动、测算不同发债规模的预期违约概率。随着债务规模（各发债规模与基础资产价值相除）比例增加，预期违约概率在逐渐增大；当债务规模比率高于91.72%（对应发债规模为22160万元）时，预期违约概率明显增大。

表6.6 给定发债规模下的违约概率

发债规模（B_T）（万元）	项目价值增长率（μ）	海域使用权价值（R_S）（万元）	项目价值波动率（σ）	违约距离（DD）	违约概率（EDF）
23160	0.0420	24160	0.0369	2.2653	0.0117
22160	0.0420	24160	0.0369	3.46145	0.0003

续表

发债规模（B_T）（万元）	项目价值增长率（μ）	海域使用权价值（R_S）（万元）	项目价值波动率（σ）	违约距离（DD）	违约概率（EDF）
21160	0.0420	24160	0.0369	4.71289	0.0000
20160	0.0420	24160	0.0369	6.0249	0.0000
19160	0.0420	24160	0.0369	7.4036	0.0000

6.3.3 确定安全发债比率及规模

对于填海造地资产证券化产品来说，由于其处于理论阶段，根据权威信用评级机构发布的信用评级与预期违约概率之间的映射关系确定安全发债比率及规模更合理。KMV公司通过对大量不同行业公司债券的信用风险进行测算，得出了公司债券的信用等级与预期违约概率之间的关系（见表6.7）。信用等级在标准普尔 BBB - 或穆迪 Baa3 以上的债券是安全的，信用风险较小，满足这种违约概率的证券化产品是高品质投资工具。

表6.7　　信用评级与预期违约概率的关系

预期违约概率 EDF（bps）	标准普尔（S&P）	穆迪（Moody's）
2～4	≥AA	≥Aa2
4～10	AA/A	A1
10～19	A/BBB +	Baa1
19～40	BBB +/BBB -	Baa3
40～72	BBB -/BB	Ba1
72～101	BB/BB -	Ba3
101～143	BB -/B +	B1
143～202	B +/B	B2
202～345	B/B -	B2

资料来源：Michel C.，Dan G.，Robert M. A Comparative Analysis of Current Credit Risk Models [J]. Journal of Banking & Finance，2000，24：59 - 117.

由于填海造地证券化产品还不成熟，信用风险较高，本书认为安全信用等级应适当提高，至少达到标准普尔 A 或穆迪 A1 以上，根据表 6.7，相应的预期违约概率应控制在 10 个基点（10bps，即 0.0010）之内。根据表 6.6，当发债规模为 22160 万元时，对应预期违约概率为 0.0003；当发债规模为 23160 万元时，对应预期违约概率为 0.0117。根据线性插值法，安全发债规模不应超过 22224 万元，此时债务规模比率为 91.99%。

6.4 基于改进 KMV 模型安全发债比率的证券化产品定价

6.2 节基于经验安全发债比率的证券化产品定价是根据经验安全发债比率，即基础资产价值的 90% 确定的证券化产品总规模。本部分基于改进的 KMV 模型确定的安全发债比率上限 91.99% 重新进行海域使用权证券化产品定价。

6.4.1 基于改进 KMV 模型的债券发行规模

改进 KMV 模型确定的安全发债比率上限为 91.99%，据此计算的债券发行规模为 22331 万元，比经验发债规模多 483.09 万元。与基于经验发债规模的对比见表 6.8，可见使用改进 KMV 模型安全发债比率上限，能够在合理安全的范围内提高融资比重，充分发挥债券对海域使用权的资金支持作用。根据各级海域使用权证券化产品规模的比例关系 75%：15%：10%，优先级、次优先级及投机级债券发行规模比经验发债规模分别多 362.32 万元、72.46 万元及 48.31 万元。

表 6.8　依据改进的 KMV 模型与经验安全发债比率的发行规模比较　单位：万元

产品级别	改进 KMV 模型安全发债规模	经验安全发债规模	发行规模差
优先级债券	16748.62	16386.30	362.32
次优级债券	3349.72	3277.26	72.46
投机级债券	2233.15	2184.84	48.31
发行债券总计	22331.49	21848.4	483.09

6.4.2 基于改进 KMV 模型的证券化产品定价

基于改进 KMV 模型确定的安全发债比率上限 91.99%，重新进行海域使用权证券化产品定价，依据 6.2 节定价思路，由基于债券市场价格的静态利差法计算得出优先级、次优先级债券的产品价格分别为 14909.0 万元、2653.2 万元；根据蒙特卡洛模拟法计算得出投机级债券产品价格为 1657.5 万元。将本节基于改进 KMV 模型的定价结果与基于经验安全发债比率的定价结果作比较，如表 6.9 所示。

表 6.9 依据改进的 KMV 模型与经验安全发债比率的产品价格比较 单位：万元

产品级别	改进 KMV 模型债券定价	经验安全发债定价	产品价格差
优先级债券	14909.0	14657.0	252.0
次优级债券	2653.2	2608.4	44.8
投机级债券	1657.5	1621.6	35.9
发行债券总计	19219.7	18887.0	332.7

根据表 6.9，基于改进 KMV 模型安全发债比率上限计算的产品价格比基于经验安全发债比率计算的产品价格高 332.7 万元，占海域使用权价值的 1.37%。使用改进 KMV 模型安全发债比率上限，各级别债券产品价格升高，海域使用权证券化价值提高，有利于海域投资项目在安全发债比率范围内获得更高的现金流。

6.5 本章小结

本章用山东半岛三处建设填海造地海域使用权证券化数据进行案例研究。依据项目可行性报告，确定项目价值增长率、项目单位投资成本等数据，基于实物期权法确定基础资产价值为 24276.0 万元，依据经验安全发债比率 90% 确定发债总规模为 21848.4 万元，依据各级海域使用权证券化产品规模的比例关系确定优先级债券发行规模为16386.3万元，次优先级债券发行规模为3277.3万元，投机级债券发行规模为2184.8万元；依据第4章的投资级、投机级债券定价模型，确定证券化产品总价格为18887.0万元，投资级产品价格为17265.4万元，其中优先级债券价格为14657.0万元，次优级债券价格为2608.4万元，投机级债券价格为1621.6万元。运用改进的KMV模型计算出资产证券化债券安全发债比率上限为91.99%，据此计算的安全发债总规模上限为22224万元，确定的优先级产品价格为14909.0万元，次优先级产品价格为2653.2万元，投机级债券产品价格为1657.5万元。基于改进的KMV模型确定的安全发债比率高于经验安全发债比率1.99%，证券化产品定价高332.7万元，一定程度上能说明改进KMV模型可以在安全发债比率范围内帮助发行人提高融资额度。

第7章

结论与建议

本书基于海域使用权融资视角，以盘活海域使用权持有人存量资产、分散其风险为主要目标，分析了海域使用权证券化必要性、可行性，设计了海域使用权证券化产品，兼顾拟合精度与现实条件进行产品定价及信用风险测度，并进行案例分析。主要研究结论有以下几点。

第一，海域使用权抵押融资难原因主要是海域使用权流转困难、海洋产业投资风险高。海域使用权证券化具有拓宽海域使用权人融资渠道、分散风险的作用。同时，海域使用权能够产生较为稳定的现金流，我国证券化市场发展日益深化，法律法规体系日益完善，为海域使用权证券化提供了微观基础和宏观条件。

第二，海域使用权投资项目多具有期权时间价值，采用实物期权法进行基础资产定价更合理。

第三，为实现产品内部信用增级及区分投资者风险偏好，将海域使用权证券化产品设计为多级债券：投资级（优先级、次优先级）和投机级债券，投机级债券承担全部提前偿付与违约风险。

第四，鉴于提前偿付与违约信息不足，采用基于债券市场价格的静态利差法及蒙特卡洛模拟法分别进行海域使用权证券化投资级、投机级产品定价。投资级产品定价时，无风险利率参数选取定价当日国债即期收益率，静态利差参数选取 AAA、AA + 企业债券静态利差；投机级产品定价时，选取 CIR 随机利率模型、PSA100 提前偿付模型与 SDA100 违约率模型作为定价模型子模型。

第五，在缺少海域使用权持有人历史违约数据的情况下，运用基于实物期权法和信息扩散技术改进的 KMV 模型，可以较好地测度海域使用权证券化信用风险，确定安全发债比率及规模，管理信用风险。

第六，选取山东半岛三处填海造地海域使用权进行资产证券化产品定价及信用风险测度案例分析，结果显示：基于改进的 KMV 模型确定的安全发债比率高于经验安全发债比率 1.99%，证券化产品定价高 332.7 万元，一定程度上说明改进 KMV 模型可以在安全发债比率范围内帮助发行人提高融资额度。

结合本书理论与案例分析结果，提出以下建议：（1）实物期权定价方法更符合海域使用权证券化基础资产特点，用于确定基础资产价值并据此测度信用风险更符合实际，建议推广使用；（2）目前，海域使用权证券化产品真实提前偿付与违约信息不足，建议推广采用静态利差法与蒙特卡洛模拟法相结合的产品定价模型，定价结果更为真实；（3）在投资级产品定价模型中，建议使用基于债券市场价格计算的静态利差，以更好体现不同优先级产品风险溢价；（4）可以推广改进的 KMV 模型测度证券化产品信用风险，就海域使用权证券化而言，在缺少历史违约数据的情况下，该模型也可以较好地测度信用风险，确定安全发债比率及规模，管理信用风险。

参考文献

［1］艾毓斌，黎志成．知识产权证券化：知识资本与金融资本的有效融合［J］．研究与发展管理，2004，16（3）：22－27.

［2］曹远征．美国住房抵押贷款次级债风波的分析与启示［J］．国际金融研究，2007（11）：4－11.

［3］常吉栋．基于项目贷的 PPP 项目资产证券化决策要素分析［J］．建筑经济，2021，42（1）：66－68.

［4］车嶙．基于期权调整的有效久期在 CMO 证券产品设计中的应用［J］．中国外资，2012（20）：12－14.

［5］陈端计．西部开发资源证券化取向的路径选择［J］．贵州财经学院学报，2001（4）：64－67

［6］陈虹宇．城市商业银行资产证券化问题研究［J］．时代金融，2014（32）：152－153.

［7］陈蓉，郭晓武．期权调整利差（OAS）及其应用研究［J］．统计研究，2005（8）：44－47.

［8］陈霄，鲍家伟．基于 B－S 模型的土地信托受益凭证的定价分析［J］．当代经济管理，2010（3）：41－43.

［9］陈霄．城市土地资产支持债券：理论阐释及模式设计［J］．金融与经济，2010（6）：8－12.

［10］陈小宪，李杜若．信贷资产证券化的微观动因研究——基于中国商业银行数据的实证分析［J］．山西财经大学学报，2017（2）：22－34.

［11］陈永华，毕玉升．抵押贷款支持证券定价的蒙特卡罗方法研究［J］．上海经济研究，2008（1）：78－84.

［12］陈钊．美国住房抵押贷款证券化的现状——兼议我国推行住房抵押贷款证券化的可行性［J］．金融研究，2000（3）：129－134.

[13] 褚保金，王刚. 基于蒙特卡洛模拟的住房抵押贷款支持证券定价研究 [J]. 科技管理研究，2011 (15)：200 - 203.

[14] 戴昕. 借鉴国外经验——减轻企业应收账款负担 [J]. 山西财经大学学报，1999 (2)：90 - 91，102.

[15] 邓顺，潘雪. 我国助学贷款资产证券化定价的模拟实证研究 [J]. 中国证券期货，2013 (2)：36 - 37.

[16] 董国姝，田中俊. 融资平台应收账款融资模式演变及发展趋势——以合作融资模式为视角 [J]. 上海经济研究，2015 (6)：36 - 43.

[17] 董申等. 商业银行大型集团客户信用风险压力测试——基于蒙特卡洛模拟方法 [J]. 金融监管研究，2019 (5)：18 - 29.

[18] 杜本峰. 实值期权理论在信用风险评估中的应用 [J]. 经济经纬，2001 (3)：80 - 82.

[19] 高锡荣，杨建. 互联网企业的资产估值、定价模型构建及腾讯案例的蒙特卡洛模拟分析 [J]. 现代财经（天津财经大学学报），2017 (1)：90 - 100.

[20] 公希亮. KMV 模型研究综述 [J]. 合作经济与科技，2010 (8)：56 - 58.

[21] 顾巧明，邱毅. 我国地方政府债券信用风险测度研究 [J]. 财经论丛，2014 (7)：25 - 30.

[22] 郭君，赵思健，黄崇福. 自然灾害概率风险的系统误差及校正研究 [J]. 系统工程理论与实践，2017，37 (2)：523 - 534.

[23] 郭宁，安起光. PPP 模式资产证券化定价研究——基于期权调整利差模型的分析 [J]. 山东财经大学学报，2017 (1)：11 - 18.

[24] 郭淑娟，常京萍. 战略性新兴产业知识产权质押融资模式运作及其政策配置 [J]. 中国科技论坛，2012 (1)：120 - 125.

[25] 何德旭. 中国住房抵押贷款证券化可行性分析 [J]. 金融研究，2000 (9)：95 - 101.

[26] 何小锋. 资产证券化：中国的模式 [M]. 北京：北京大学出版社，2002.

[27] 何燕. 基于中国现状的汽车金融产品创新探索 [J]. 上海经济研

究，2014（12）：117－129.

［28］贺义雄，唐珏．我国海域使用权价格形成机制探析——基于优化海域资源配置视角的分析［J］．价格理论与实践，2020（10）：47－50，177.

［29］洪艳蓉．资产信用融资与风险管理：专利许可收费权证券化的新探索［J］．知识产权，2013（11）：77－82.

［30］黄崇福，郭君，艾福利，吴彤．洪涝灾害风险分析的基本范式及其应用［J］．自然灾害学报，2013，22（4）：11－23.

［31］黄光辉．知识产权证券化的风险：形成机理与化解途径［J］．科技进步与对策，2010（4）：17－20.

［32］姜玉梅，姜亚鹏，王飞．住房抵押贷款证券化信用风险宏观影响因素分析——国际经济波动下基于建元2005－1资产池的研究［J］．宏观经济研究，2011（4）：56－61.

［33］康书生，董捷．我国住房抵押贷款证券化风险防范研究［J］．现代财经（天津财经大学学报），2010（10）：9－12.

［34］李建伟．知识产权证券化：理论分析与应用研究［J］．知识产权，2006（1）：33－39.

［35］李景峰，王继光．基于KMV模型的地方政府债券信用风险问题研究［J］．广东金融学院学报（金融经济学学报），2011，26（5）：23－31.

［36］李娜．我国港口资产证券化问题研究［D］．上海：上海海事大学，2007.

［37］李伟，董玉鹏．协同创新过程中知识产权归属原则——从契约走向章程［J］．科学学研究，2014（7）：1090－1095.

［38］李文利，刘芳．学生贷款证券化在中国的适用性探索［J］．教育发展研究，2006（9）：32－37.

［39］李阳．高校贷款资产证券化的可行性分析［J］．中华女子学院学报，2008（2）：119－122.

［40］李毅震．我国住房抵押贷款债券定价研究［J］．创新科技，2016（8）：44－49.

［41］李熠熠，潘婉彬，缪柏其．基于三次样条的利率期限结构估计

中的节点选择［J］. 系统工程理论与实践，2009（4）：28－33.

［42］李勇. 关于我国不良资产证券化的初步探讨［M］. 北京：中国财政经济出版社，2005.

［43］李悦，冯宗宪，倪志凌. 资产证券化对商业银行微观审慎监管的影响——基于流动性的思考［J］. 商业经济与管理，2014（10）：64－72.

［44］梁文. 城市土地资产证券化融资模式及风险控制研究［D］. 武汉：武汉理工大学，2008.

［45］梁宇骐. 森林资源资产证券化研究［D］. 贵阳：贵州财经大学，2016.

［46］刘春红. 上海市个人住房抵押贷款违约因素实证分析［J］. 金融市场，2000（1）：32－34.

［47］刘瑞波. 我国高速公路融资方式的局限性及其创新［J］. 财经问题研究，2005（11）：70－74.

［48］吕波，芦翠杰，汪莹. 煤炭资源资产证券化融资策略研究［J］. 中国煤炭，2014（11）：18－20.

［49］罗天勇，阮仁辉. 矿产资源储量资产证券化融资研究［J］. 贵州财经学院学报，2012（3）：51－57.

［50］马彬. 绿色能源资产证券化提速［J］. 中国石化，2016（7）：72－73.

［51］苗丰民，赵全民. 海域分等定级及价值评估的理论与方法［M］. 北京：海洋出版社，2007.

［52］潘焕学，秦涛，张元. 我国森林资源资产证券化问题研究［J］. 中国林业经济，2006（5）：15－18.

［53］潘慧峰，刘曦彤. 商业银行信贷资产证券化对信用风险影响的实证分析［J］. 科学决策，2017，6：29－40.

［54］邱昆. 信用卡应收款资产证券化产品的前景分析［J］. 投资研究，2010（4）：56－60.

［55］束斌. 韩国信用卡危机对我国发展信用卡资产证券化的启示［J］. 市场周刊（理论研究），2010（5）：65－66.

［56］宋明，张元萍. 我国信贷资产证券化风险自留监管的问题与改

进——基于国际比较的视角［J］. 经济问题，2016（11）：48－52.

［57］宋瑞波. 银行间市场并购债券融资的探索实践［J］. 企业融资实务，2014（5）：57－61.

［58］宋晓梅，刘士磊，潘焕学. 国外森林资源资产证券化研究综述［J］. 世界林业研究，2013（3）：1－5.

［59］孙蔚琳，陈晓倩，赵荣. 国际商品林融资模式比较分析［J］. 林业经济，2015（12）：126－129.

［60］童毛弟，周文静. 信用违约互换视角下的中小企业信贷风险影响研究［J］. 现代经济探讨，2019（11）：78－82.

［61］王晨宇. 抵押贷款支持证券（MBS）：产品与定价［J］. 当代经济，2009（6）：156－157.

［62］王丹丹，耿华. 商业银行次级债券定价模型［J］. 广东商学院学报，2007（2）：50－54.

［63］王金媛，王春棣，张启文. MBS 利率风险分析及定价模型修正［J］. 企业经济，2016（1）：183－187.

［64］王克强，刘红梅. 城市土地储备机制运作过程中的土地资产证券化研究——中国大陆资产证券化的突破口［J］. 经济地理，2001（S1）：88－91.

［65］王思远，余思勤，潘静静. 我国港口资产证券化定价研究［J］. 技术经济与管理研究，2016（4）：65－69.

［66］王晓，李佳. 从美国次贷危机看资产证券化的基本功能［J］. 金融论坛，2010（1）：67－71.

［67］王艳龙，孙启明. 西部地区矿产资源证券化运作模式研究［J］. 管理现代化，2013（3）：38－40.

［68］王媛，贾生华. 不确定性、实物期权与政府土地供应决策：来自杭州的证据［J］. 世界经济，2012（3）：125－145.

［69］王志诚，周春生. 金融风险管理研究进展：国际文献综述［J］. 管理世界，2006（4）：158－169.

［70］魏丽，满博宁. 信用风险度量［M］. 北京：高等教育出版社，2015.

［71］文江．专利资产证券化的理论突破和制度构建［J］．金融理论与实践，2016（8）：65－69.

［72］闻德美，姜旭朝，刘铁鹰．海域资源价值评估方法综述［J］．资源科学，2014，36（4）：670－681.

［73］闻德美，姜旭朝，孟科学．基于实物期权法的海域使用权定价研究［J］．资源科学，2016（5）：858－870.

［74］闻德美．海域使用权定价研究——基于实物期权法和世代交叠模型的应用［M］．北京：经济科学出版社，2016.

［75］吴家希．水资源证券化与投融资研究［D］．贵阳：贵州财经大学，2016.

［76］吴云，何建敏．租赁资产证券化及其定价研究［J］．生产力研究，2006（8）：61－63.

［77］谢邦昌，朱世武，李璇，董春．我国上市公司信用风险度量模型的选择［J］．经济学动态，2008（5）：55－58.

［78］谢赤，凌毓秀．银行信贷资产证券化信用风险度量及传染研究——基于修正KMV模型和MST算法的实证［J］．财经理论与实践，2018，39（3）：2－8.

［79］徐东．基础设施资产证券化的定价方法［J］．城市轨道交通研究，2006（9）：14－17.

［80］闫妍，顾亚露，朱晓武．高速公路收益权的资产证券化问题研究［J］．金融研究，2016（5）：111－123.

［81］阎庆民，蔡红艳．中国银行业不良资产证券化信用风险评价研究［J］．数量经济技术经济研究，2005（8）：74－83.

［82］杨黎静，何广顺．我国海域使用权价格形成机制与深化改革方向［J］．价格理论与实践，2019（5）：26－29，168.

［83］杨黎静，何广顺．我国海域使用权市场化配置改革面临的突出问题与对策［J］．经济纵横，2018（8）：96－105.

［84］杨秀云，蒋园园，段珍珍．KMV模型在我国商业银行信用风险管理中的适用性分析及实证检验［J］．财经理论与实践，2016，37（199）：34－40.

[85] 姚禄仕，王璇，宁霄．银行信贷资产证券化效应的实证研究——基于美国银行业的面板数据 [J]．国际金融研究，2012 (9)：71 –78.

[86] 叶维．中国港口融资研究及离岸资产证券化的应用研究 [D]．上海：上海海事大学，2005.

[87] 于丽红，池丽旭，兰庆高．农村土地融资模式创新——农地经营权抵押贷款证券化探讨 [J]．农村经济，2015 (8)：47 –51.

[88] 余振刚，邱菀华，余振华．我国知识产权证券化理论与发展策略研究 [J]．科学学研究，2007 (6)：1077 –1082.

[89] 詹志魁，秦威．基于蒙特卡洛方法的采矿权证券化定量研究 [J]．经营管理者，2013 (13)：1 –2.

[90] 张安．基于 Logit 模型的商业银行信用风险度量研究 [J]．中国物价，2021 (2)：70 –73.

[91] 张虹．我国住房抵押贷款市场风险防范——以美国次贷危机为戒 [J]．社会科学辑刊，2008 (6)：89 –92.

[92] 张华，王礼力．基于信息扩散技术的农业水贫困指数测度 [J]．统计与决策，2020，36 (6)：84 –86.

[93] 张金清，石黎卿．我国上市公司大股东违规引致的股票信用风险探析 [J]．复旦学报 (社会科学版)，2013 (1)：8 –17.

[94] 张明．次贷危机的传导机制 [J]．国际经济评论，2008 (4)：32 –37.

[95] 张士朝．我国城市基础设施证券化融资探讨 [J]．上海经济研究，1997 (10)：45 –48.

[96] 张文强．论实体企业应收账款资产证券化的风险与定价 [J]．金融研究，2009 (5)：194 –206.

[97] 张媛，徐宝华，师文明．我国住房抵押贷款证券的定价方法研究 [J]．当代经济，2007 (4)：133 –134.

[98] 赵国强．汽车贷款资产证券化产品设计研究 [J]．现代商业，2017 (6)：71 –72.

[99] 赵明利．我国海域资源配置市场化管理问题与对策研究 [D]．烟台：中国科学院烟台海岸带研究所，2015.

［100］赵胜来，陈俊芳．资产证券化的风险及定价研究［J］．价格理论与实践，2005（6）：55－56.

［101］赵万一，唐旭．金融安全视角下企业资产证券化预测信息披露研究——以现金流预测为例［J］．内蒙古社会科学（汉文版），2019，40（5）：85－91，213.

［102］赵勇．矿产资源资产证券化研究［D］．北京：中国地质大学，2016.

［103］钟瑞栋．知识产权证券化风险防范的法律对策［J］．厦门大学学报（哲学社会科学版），2010（2）：58－65.

［104］朱晋，李永坤．绿色产业资产证券化融资方式及金融机构介入模式探析［J］．现代管理科学，2017（10）：72－74.

［105］Alafita T.，Pearce J. M. Securitization of Residential Solar Photovoltaic Assets：Costs，Risks and Uncertainty［J］. Energy Policy，2014，67（2）：488－498.

［106］Ammann M. Credit Risk Valuation：Methods，Models and Application［M］. New York：Springer－Verlag，2001，2nd edition.

［107］Antonios K. Standardization of Information and Financial Innovation：Lessons from Mortgage Securitization［M］. Pennsylvania：USA：IGI Global，2016：309－331.

［108］Babbel D. F.，Zenios S. A. Pitfalls in the Analysis of Option－Adjusted Spreads［J］. Financial Analysts Journal，1992，48（4）：65－69.

［109］Barth M. E.，et al. Asset Securitizations and Credit Risk［J］. Accounting Review，2012，87（2）：432－448.

［110］Bartlett W. Mortgage－Backed Securities：Products，Analysis，Trading［J］. Journal of Finance，1989，44（2）：375－392.

［111］Becketti S. The Prepayment Risk of Mortgage－Backed Securities［J］. Economic Review，1989（2）：43－57.

［112］Black F.，Scholes M. The Pricing of Options and Corporate Liabilities［J］. Journal of Political Economy，1973（81）：637－659.

［113］Cebenoyan A.，et al. Risk Management，Capital Structure and

Lending at Banks [J]. Journal of Banking and Finance, 2004, 28 (1): 19-43.

[114] Chib S., Greenberg E. Understanding the Metropolis-Hastings Algorithm [J]. The American Statistician, 1995, 49 (4): 327-335.

[115] Collin-Dufresne P., Goldstein R. S., Helwege J. Is Credit Event Risk Priced? Modeling Contagion Via the Updating of Beliefs [J]. Social Science Electronic Publishing, 2010, 15733: 0898-2937.

[116] Derbali A., Hallara S. Analysis of Default Probability: A Comparative Theoretical Approach between the Credit Portfolio View Model and the Credit Risk Model [J]. International Journal of Business Management & Research, 2013, 3 (1): 157-170.

[117] Dionne G., Harchaoui T. M. Banks' Capital, Securitization and Credit Risk: An Empirical Evidence for Canada [J]. Social Science Electronic Publishing, 2003 (5): 1-38.

[118] Dixit A. K., Pindyck R. S. Investment under Uncertainty [M]. New Jersey: Princeton University Press, 1994.

[119] Duffie D., Lando D. Term Structure of Credit Spreads with Incomplete Accounting Information [J]. Econometrica, 2001 (9): 633-664.

[120] Eisbruck J. Intellectual Property and Sports-Related Receivables [J]. Asset Sales Report, 2000, 14 (13): 10-22.

[121] Ericsson J., Renault O. Liquidity and Credit Risk [J]. Journal of Finance, 2006, 61 (5): 2219-2250.

[122] Fligstein N., Goldstein A. The Anatomy of Mortgage Securitization Crisis [R]. Research in the Sociology of Organizations, 2010: 2-47.

[123] Ganis D. R. All about the Gnma Mortgage-Backed Securities Market [J]. Real Estate Review, 1974, 4 (2): 55-60.

[124] Gelfand E. A., Smith A. F. M. Sampling-Based Approaches to Calculating Marginal Densities [J]. Journal of the American Statistical Association, 1990, 85 (410): 398-409.

[125] George M., Furstenberg V. Overstaffing as an Endgame and Prelude

to the Employment Collapse in Eastern Germany? [J]. Communist Economies & Economic Transformation, 1995, 7 (3): 299 – 318.

[126] Giesecke K. Default and Information [J]. Journal of Economic Dynamics and Control, 2006 (30): 2281 – 2303.

[127] Green P. J. Reversible Jump Markov Chain Monte Carlo Computation and Bayesian Model Determination [J]. Biometrika, 1995, 4 (82): 711 – 732.

[128] Harrell C. E., et al. Securitization of Oil, Gas, and Other Natural Resource Assets: Emerging Financing Techniques [J]. The Business Lawyer, 1997, 52 (3): 885 – 946.

[129] Hastings W. K. Monte Carlo Sampling Methods Using Markov Chains and Their Applications [J]. Biometrika, 1970, 57 (1): 97 – 109.

[130] Hollinshead S. P. Water is not Liquid: Securitization, Transactions Costs, and California's Water Market [J]. Columbia Journal of Environmental Law, 2008, 33 (2): 323 – 367.

[131] Hull J. C., White A. D. Valuation of a CDO and an n-th to Default CDs without Monte Carlo Simulation [J]. Journal of Derivatives, 2004, 12 (2): 8 – 23.

[132] Ismail S., et al. Developing a Framework of Islamic Student Loan – Backed Securitization [J]. Procedia – Social and Behavioral Sciences, 2014, 129: 380 – 387.

[133] Kane E. J., Hovakimian A., Laeven L. A. Variation in Systemic Risk at US Banks During 1974 – 2010 [J]. SSRN Electronic Journal, 2012, 4 (83): 1 – 53.

[134] Kealhofer S., Bohn J. R. Portfolio Management of Default Risk [M]. San Francisco: KMV Corporation, 1993: 2 – 22.

[135] Le H. T. T., et al. Has the Effect of Asset Securitization on Bank Risk Taking Behavior Changed? [J]. Journal of Financial Services Research, 2016, 49 (1): 39 – 64.

[136] Lewis S. M., Raftery A. E. Estimating Bayes Factors via Posterior Simulation with the Laplace – Metropolis Estimator [J]. Journal of the American

Statistical Association, 1997, 92 (438): 648 -655.

[137] Liu Z. Y., et al. Extreme Events and the Copula Pricing of Commercial Mortgage - Backed Securities [J]. Journal of Real Estate Finance & Economics, 2009, 38 (3): 327 -349.

[138] Lucas, Douglas J. Default Correlation and Credit Analysis [J]. Journal of Fixed Income, 1995, 4 (4): 76 -87.

[139] Madan D., Unal H. A Two - Factor Hazard Rate Model for Pricing Risky Debt and the Term Structure of Credit Spreads [J]. Journal of Financial and Quantitative Analysis, 2000 (35): 43 -65.

[140] Malamud S., et al. Optimal Incentives and Securitization of Defaultable Assets [J]. Journal of Financial Economics, 2013, 107 (1): 111 -135.

[141] Marcis R. G. Mortgage - Backed Securities: Their Use and Potential for Broadening the Sources of Mortgage Credit [J]. Journal of Economics and Business, 1975, 27 (2): 172 -188.

[142] Meng X., Wong W. H. Simulating Ratios of Normalizing Constants Via a Simple Identity: A Theoretical Exploration [J]. Statistica Sinica, 1996, 6 (4): 831 -860.

[143] Merton R. C. On the Pricing of Corporate Debt: The Risk Structure of Interest Rates [J]. Journal of Finance, 1974 (29): 449 -470.

[144] Metropolis N., et al. Equation of State Calculations by Fast Computing Machines [J]. Journal of Chemical Physics, 1953, 21 (6): 1087 - 1092.

[145] Morgan J. P. CreditMetrics™ - Technical Document [M]. New York: J. P. Morgan, 1997: 5 -21.

[146] Mun J. Real Options Analysis: Tools and Techniques for Valuing Strategic Investments and Decisions [M]. New Jersey: John Wiley & Sons Inc., 2002.

[147] Nevins L. H. Mortgage - Backed Securities: A Multifaceted Investment Tool [J]. Savings Bank Journal, 1972, 53 (6): 23 -35.

[148] Paddock J. L., et al. Option Valuation of Claims on Real Assets:

The Case of Offshore Petroleum Leases [J]. Quarterly Journal of Economics, 1988, 103 (3): 479 -508.

[149] Pai J. S. Bayesian Analysis of Compound Loss Distributions [J]. Journal of Econometrics, 1997, 79 (1): 129 -146.

[150] Pan J., Singleton K. J. Default and Recovery Implicit in the Term Structure of Sovereign CDS Spreads [J]. Journal of Finance, 2008, 63 (5): 2345 -2384.

[151] Perli R., Nayda W. I. Economic and Regulatory Capital Allocation for Revolving Retail Exposures [J]. Journal of Banking and Finance, 2004 (28): 789 -809.

[152] Sing T. F., et al. Analysis of Credit Risk in ABS Transaction in Singapore [M]. Singapore: Journal of Real Estate Financed Economics, 2004.

[153] Smith D. Better Credit Metrics for Emerging Markets [J]. CFA Institute Magazine, 2014, 25 (6): 12 -13.

[154] Takeaki K., et al. Credit Risk Analysis on Euro Government Bonds Term Structures of Default Probabilities [J]. Asia - Pacific Financial Markets, 2015, 22: 397 -427.

[155] Thomas H. Effects of Asset Securitization on Seller Claimants [J]. Journal of Financial Intermediation, 2001, 10 (34): 306 -330.

[156] Turan H. The Weighting of Factors Affecting Credit Risk in Banking [J]. Procedia Economics and Finance, 2016, 38: 49 -53.

[157] Wang R. D., et al. CreditRisk^{+} Model with Dependent Risk Factors [J]. North American Actuarial Journal, 2015, 19 (1): 24 -40.

[158] Wilson T. C. Portfolio Credit Risk [J]. FRBNY Economic Policy Review, 1998, 10: 71 -82.

[159] Yang Z. Investment and Asset Securitization with an Option for Guarantee swap [J]. European Financial Management, 2020, 26 (4): 1006 -1030.

附　　录

附录1：试错法计算企业债券静态利差的程序

```
x=[0,5,6,7,12,30];
y=[1.42798e-5,6.40261e-4,0.0172354,0.038781,0.040637,0.045118];
pp=spline(x,y);
pp.coefs;
T=(0.85:1:1.85);
R=(length(T));
PV=97;
FV=100;
PMT=7.2;
P=(length(T));
for i=1:length(T)
 if(T(i)<4)
R(i)=-0.0007*T(i)^3-0.0133*T(i)^2+0.2441*T(i)+3.0387;
elseif(4<=T(i)<6)
R(i)=-0.0007*(T(i)-4)^3-0.0214*(T(i)-4)^2+0.1055*(T(i)-4)+3.7595;
elseif(6<=T(i)<7)
R(i)=0.0118*(T(i)-6)^3-0.0254*(T(i)-6)^2+0.0120*(T(i)-6)+3.8797;
elseif(7<=T(i)<12)
```

```
    R(i) = -0.0004*(T(i)-7)^3+0.0100*(T(i)-7)^2-0.0034*(T
(i)-7)+3.8781;
    else
  R(i) = -0.0004*(T(i)-12)^3+0.0044*(T(i)-12)^2+0.0683*(T
(i)-12)+4.0637;
  end
end
for i=1:length(T)
    disp('No.');
    disp(i);
    disp(R(i));
end
ss=(0:0.0000001:0.2);
ABS=(length(ss));
for j=1:length(ss)
    for i=1:length(T)
        if(i<length(T))
            P(i) =PMT/(1+ss(j)+R(i)/100)^i;
        else
            P(i) =(PMT+FV)/(1+ss(j)+R(i)/100)^i;
        end
    end
    a=sum(P(:));
    ABS(j) =abs(PV-a);
end
[x,y]=min(ABS);
disp(ss(y));
```

附录2：蒙特卡洛模拟下投机级产品价格计算程序

```
DT = 1/360;
nPath = 1000;
strm = RandStream('mt19937ar','Seed',14151617);
RandStream. setGlobalStream(strm);
obj = cir(0. 0219,@(T,X)12. 8668,0. 2868,'StartState',2);
[X,T] = obj. simByEuler(5500,'DT',1/360,'nPath',1000);
num1 = xlsread('E:\海域使用权资产证券化\次级债券定价\填海造地项目数
据\填海造地数据 2');
save num1;
load num1. mat;
Dcf = zeros(3,185,1000);% 构造三维矩阵
Sum_Value = 0 * ones(nPath);
for i = 1:3% i 为资产序号
    Aa = num1(i,2);
    Ba = num1(i,3);
    Ca = num1(i,4);
    for k = 1:nPath;% k 为路径数
        for j = 1:(Aa - 1);% j 为资产存续期
            if j < = 30
            times = T(30 * j);
            Default_Rate = 0. 06 * j/30;
            CRP_Rate = 0. 06 * j/30;
            SMS_Rate = 1 - (1 - CRP_Rate)^(1/12);
            DMS_Rate = 1 - (1 - Default_Rate)^(1/12);
            Cash_Flow(i,j,k) = Ba * (1 - DMS_Rate) * Ca/12 + Ba * SMS_
Rate;
```

```
            Ba = Ba * (1 - DMS_Rate - SMS_Rate);
            Dcf(i,j,k) = Cash_Flow(i,j,k) * exp( - times * X(30 * j,k) *
0.01);
            j = j + 1;
            Dcf(i,j,k) = (Ba * (1 - DMS_Rate) * Ca/12 + Ba * SMS_Rate) *
exp( - times * X(30 * j,k) * 0.01) + Ba * (1 - DMS_Rate) * exp( - times *
X(30 * Aa,1) * 0.01);
        elseif  30 < j < = 60
                times = T(30 * j);
                CRP_Rate = 0.06;
                Default_Rate = 0.06;
                SMS_Rate = 1 - (1 - CRP_Rate)^(1/12);
                DMS_Rate = 1 - (1 - Default_Rate)^(1/12);
                Cash_Flow(i,j,k) = Ba * (1 - DMS_Rate) * Ca/12 + Ba
* SMS_Rate;
                Ba = Ba * (1 - DMS_Rate - SMS_Rate);
                Dcf(i,j,k) = Cash_Flow(i,j,k) * exp( - times * X(30 * j,
k) * 0.01);
                j = j + 1;
                Dcf(i,j,k) = (Ba * (1 - DMS_Rate) * Ca/12 + Ba * SMS_
Rate) *
exp( - times * X(30 * j,k) * 0.01) + Ba * (1 - DMS_Rate) * exp( - times *
X(30 * Aa,1) * 0.01);
        elseif 60 < j < = 120
                times = T(30 * j);
                CRP_Rate = 0.06;
                Default_Rate = ( - 0.285 * t/30 + 1.17)/100;
                SMS_Rate = 1 - (1 - CRP_Rate)^(1/12);
                DMS_Rate = 1 - (1 - Default_Rate)^(1/12);
                Cash_Flow(i,j,k) = Ba * (1 - DMS_Rate) * Ca/12 + Ba
```

```
 * SMS_Rate;
                    Ba = Ba * (1 - DMS_Rate - SMS_Rate);
                    Dcf(i,j,k) = Cash_Flow(i,j,k) * exp( - times * X(30 * j,
k) * 0.01);
                    j = j + 1;
                    Dcf(i,j,k) = (Ba * (1 - DMS_Rate) * Ca/12 + Ba * SMS_
Rate) *
exp( - times * X(30 * j,k) * 0.01) + Ba * (1 - DMS_Rate) * exp( - times *
X(30 * Aa,1) * 0.01);
                else j > 120
                    times = T(30 * j);
                    CRP_Rate = 0.06;
                    Default_Rate = 0.0003;
                    SMS_Rate = 1 - (1 - CRP_Rate)^(1/12);
                    DMS_Rate = 1 - (1 - Default_Rate)^(1/12);
                    Cash_Flow(i,j,k) = Ba * (1 - DMS_Rate) * Ca/12 + Ba
 * SMS_Rate;
                    Ba = Ba * (1 - DMS_Rate - SMS_Rate);
                    Dcf(i,j,k) = Cash_Flow(i,j,k) * exp( - times * X(30 * j,
k) * 0.01);
                    j = j + 1;
                    Dcf(i,j,k) = (Ba * (1 - DMS_Rate) * Ca/12 + Ba * SMS_
Rate) *
exp( - times * X(30 * j,k) * 0.01) + Ba * (1 - DMS_Rate) * exp( - times *
X(30 * Aa,1) * 0.01);
                end
            end
            Val(j,j) = sum(Dcf(i,:,k));
            B = Sum_Value(j,j);
            Sum_Value(j,j) = B + Val(j,j);
```

```
        Ba = num1(i,3);
        k = k + 1;
    end
    for p = 1:Aa;
        M(i,p) = mean(Dcf(i,p,:));
        disp('项目编号')
        disp(i)
        disp('项目期数')
        disp(p)
        disp(M(i,p))
        p = p + 1;
    end
    disp('No');
    disp(i);
    disp('Avg Val');
    AvgVal(i) = Sum_Value(j,j)/nPath;
    disp(AvgVal(i));
    i = i + 1;
end
xlswrite('E:\海域使用权资产证券化\次级债券定价\填海造地项目数据\分
期数据1.xlsx',M)
for j = 1:180;
    DisCF(j) = sum(M(:,j));
    j = j + 1;
end
price = sum(DisCF)
```

附录3：中国主要风暴潮最大增水值

<table>
<tr><th>年份</th><th>风暴潮编号</th><th>最大增水值（厘米）</th><th>年份</th><th>风暴潮编号</th><th>最大增水值（厘米）</th></tr>
<tr><td rowspan="3">2008</td><td>0808</td><td>156</td><td>2012</td><td>1208</td><td>241</td></tr>
<tr><td>0814</td><td>210</td><td rowspan="3">2013</td><td>1319</td><td>201</td></tr>
<tr><td>0822</td><td>109</td><td>1323</td><td>375</td></tr>
<tr><td rowspan="3">2009</td><td>0908</td><td>232</td><td>130526</td><td>138</td></tr>
<tr><td>0915</td><td>210</td><td rowspan="3">2014</td><td>1409</td><td>392</td></tr>
<tr><td>0415</td><td>176</td><td>1415</td><td>495</td></tr>
<tr><td rowspan="3">2010</td><td>1003</td><td>196</td><td>141008</td><td>211</td></tr>
<tr><td>1013</td><td>162</td><td rowspan="3">2015</td><td>1509</td><td>312</td></tr>
<tr><td>1025</td><td>116</td><td>1513</td><td>225</td></tr>
<tr><td rowspan="4">2011</td><td>1109</td><td>159</td><td>1522</td><td>232</td></tr>
<tr><td>1111</td><td>82</td><td rowspan="4">2016</td><td>1614</td><td>288</td></tr>
<tr><td>1117</td><td>399</td><td>1616</td><td>112</td></tr>
<tr><td>0901</td><td>132</td><td>1617</td><td>222</td></tr>
<tr><td rowspan="4">2012</td><td>1211</td><td>323</td><td>160720</td><td>115</td></tr>
<tr><td>1209</td><td>145</td><td rowspan="3">2017</td><td>1709</td><td>103</td></tr>
<tr><td>1210</td><td>178</td><td>1710</td><td>128</td></tr>
<tr><td>1213</td><td>260</td><td>1713</td><td>279</td></tr>
</table>

附录4：中国主要风暴潮灾损率

年份	风暴潮编号	最大增水值（厘米）	风暴潮损失（亿元）	全国海洋生产总值（亿元）	灾损率
2008	0808	156	14. 86	29662	0. 0005
	0814	210	132. 74	29622	0. 0045
	0822	109	0. 20	29622	0. 0000
2009	0908	232	32. 65	31964	0. 0010
	0915	210	24. 04	31964	0. 0008
	0415	176	6. 20	31964	0. 0002
2010	1003	196	32. 15	38439	0. 0008
	1013	162	26. 22	38439	0. 0007
	1025	116	0. 21	38439	0. 0000
2011	1109	159	3. 10	45570	0. 0001
	1111	82	5. 32	45570	0. 0001
	1117	399	31. 06	45570	0. 0007
	901	132	1. 75	45570	0. 0000
2012	1211	323	42. 38	50087	0. 0008
	1209	145	3. 06	50087	0. 0001
	1210	178	41. 75	50087	0. 0008
	1213	260	18. 23	50087	0. 0004
	1208	241	4. 29	50087	0. 0001
2013	1319	201	64. 93	54313	0. 0012
	1323	375	34. 92	54313	0. 0006
	130526	138	1. 44	54313	0. 0000
2014	1409	392	80. 80	59936	0. 0013
	1415	495	42. 75	59936	0. 0007
	141008	211	1. 01	59936	0. 0000

续表

年份	风暴潮编号	最大增水值（厘米）	风暴潮损失（亿元）	全国海洋生产总值（亿元）	灾损率
2015	1509	312	10.98	64669	0.0002
	1513	225	24.69	64669	0.0004
	1522	232	27.02	64669	0.0004
2016	1614	288	1.57	70507	0.0000
	1616	112	7.62	70507	0.0001
	1617	222	9.82	70507	0.0001
	160720	115	8.56	70507	0.0001
2017	1709	103	0.06	77611	0.0000
	1710	128	1.21	77611	0.0000
	1713	279	51.54	77611	0.0007

附录5：信息扩散技术程序

```
//MFCApplication1Dlg.cpp:实现文件
//

#include"stdafx.h"
#include"MFCApplication1.h"
#include"MFCApplication1Dlg.h"
#include"afxdialogex.h"

#ifdef_DEBUG
#define new DEBUG_NEW
#endif


//用于应用程序"关于"菜单项的 CAboutDlg 对话框

class CAboutDlg:public CDialogEx
{
public:
   CAboutDlg();

//对话框数据
   enum{IDD = IDD_ABOUTBOX};

   protected:
   virtual void DoDataExchange(CDataExchange * pDX);     //DDX/
DDV 支持
```

```
//实现
protected:
  DECLARE_MESSAGE_MAP()
};

CAboutDlg::CAboutDlg():CDialogEx(CAboutDlg::IDD)
{
}

void CAboutDlg::DoDataExchange(CDataExchange * pDX)
{
  CDialogEx::DoDataExchange(pDX);
}

BEGIN_MESSAGE_MAP(CAboutDlg,CDialogEx)
END_MESSAGE_MAP()


//CMFCApplication1Dlg 对话框



CMFCApplication1Dlg::CMFCApplication1Dlg(CWnd * pParent/* = NULL */)
  :CDialogEx(CMFCApplication1Dlg::IDD,pParent)
{
  m_hIcon = AfxGetApp()->LoadIcon(IDR_MAINFRAME);
}
```

```
void CMFCApplication1Dlg::DoDataExchange(CDataExchange * pDX)
{
  CDialogEx::DoDataExchange(pDX);
}

BEGIN_MESSAGE_MAP(CMFCApplication1Dlg,CDialogEx)
  ON_WM_SYSCOMMAND()
  ON_WM_PAINT()
  ON_WM_QUERYDRAGICON()
  ON_BN_CLICKED(IDC_BUTTON1,&CMFCApplication1Dlg::OnBn-
ClickedButton1)
END_MESSAGE_MAP()


//CMFCApplication1Dlg 消息处理程序

BOOL CMFCApplication1Dlg::OnInitDialog()
{
  CDialogEx::OnInitDialog();

  //将"关于…"菜单项添加到系统菜单中。

  //IDM_ABOUTBOX 必须在系统命令范围内。
  ASSERT((IDM_ABOUTBOX & 0xFFF0) = =IDM_ABOUTBOX);
  ASSERT(IDM_ABOUTBOX <0xF000);

  CMenu * pSysMenu = GetSystemMenu(FALSE);
  if(pSysMenu!  =NULL)
  {
    BOOL bNameValid;
```

```
            CString strAboutMenu;
            bNameValid = strAboutMenu.LoadString(IDS_ABOUTBOX);
            ASSERT(bNameValid);
            if(!strAboutMenu.IsEmpty())
            {
               pSysMenu->AppendMenu(MF_SEPARATOR);
             pSysMenu->AppendMenu(MF_STRING, IDM_ABOUTBOX,
strAboutMenu);
            }
        }

        //设置此对话框的图标。  当应用程序主窗口不是对话框时,框架
将自动
        //  执行此操作
        SetIcon(m_hIcon,TRUE);  //设置大图标
        SetIcon(m_hIcon,FALSE);  //设置小图标

        //TODO: 在此添加额外的初始化代码

        return TRUE;  //除非将焦点设置到控件,否则返回 TRUE
    }

    void  CMFCApplication1Dlg::OnSysCommand(UINT  nID, LPARAM
lParam)
    {
        if((nID & 0xFFF0) == IDM_ABOUTBOX)
        {
           CAboutDlg dlgAbout;
           dlgAbout.DoModal();
        }
```

```
    else
    {
        CDialogEx::OnSysCommand(nID,lParam);
    }
}

//如果向对话框添加最小化按钮,则需要下面的代码
//  来绘制该图标。  对于使用文档/视图模型的 MFC 应用程序,
//  这将由框架自动完成。

void CMFCApplication1Dlg::OnPaint()
{
    if(IsIconic())
    {
        CPaintDC dc(this);//用于绘制的设备上下文

        SendMessage(WM_ICONERASEBKGND,reinterpret_cast<WPARAM>
(dc.GetSafeHdc()),0);

        //使图标在工作区矩形中居中
        int cxIcon = GetSystemMetrics(SM_CXICON);
        int cyIcon = GetSystemMetrics(SM_CYICON);
        CRect rect;
        GetClientRect(&rect);
        int x = (rect.Width() - cxIcon + 1)/2;
        int y = (rect.Height() - cyIcon + 1)/2;

        //绘制图标
        dc.DrawIcon(x,y,m_hIcon);
    }
```

```
    else
    {
      CDialogEx::OnPaint();
    }
}

//当用户拖动最小化窗口时系统调用此函数取得光标
//显示。
HCURSOR CMFCApplication1Dlg::OnQueryDragIcon()
{
  return static_cast<HCURSOR>(m_hIcon);
}



void CMFCApplication1Dlg::OnBnClickedButton1()
{
  //TODO: 在此添加控件通知处理程序代码
  CStringArray x;
    x.Add(L"156");x.Add(L"210");x.Add(L"109");x.Add
(L"232");x.Add(L"210");
    x.Add(L"176");x.Add(L"196");x.Add(L"162");x.Add
(L"116");x.Add(L"159");
    x.Add(L"399");x.Add(L"132");x.Add(L"323");x.Add
(L"145");x.Add(L"178");
    x.Add(L"260");x.Add(L"241");x.Add(L"201");x.Add
(L"375");x.Add(L"138");
    x.Add(L"392");x.Add(L"211");x.Add(L"312");x.Add
(L"225");x.Add(L"232");
    x.Add(L"288");x.Add(L"112");x.Add(L"222");x.Add
```

```
(L"115");x.Add(L"103");
        x.Add(L"128");x.Add(L"279");
        CStringArray y;
        y.Add(L"0.000501");y.Add(L"0.004481");y.Add(L"0.000007");
y.Add(L"0.001021");y.Add(L"0.000752");
        y.Add(L"0.000194");y.Add(L"0.000836");y.Add(L"0.000682");
y.Add(L"0.000005");y.Add(L"0.000068");
        y.Add(L"0.000682");y.Add(L"0.000038");y.Add(L"0.000846");
y.Add(L"0.000061");y.Add(L"0.000834");
        y.Add(L"0.000364");y.Add(L"0.000086");y.Add(L"0.001195");
y.Add(L"0.000643");y.Add(L"0.000027");
        y.Add(L"0.001348");y.Add(L"0.000017");y.Add(L"0.000170");
y.Add(L"0.000382");y.Add(L"0.000418");
        y.Add(L"0.000022");y.Add(L"0.000108");y.Add(L"0.000139");
y.Add(L"0.000121");y.Add(L"0.000001");
        y.Add(L"0.000016");y.Add(L"0.000664");


        CStringArray BigU;
        BigU.Add(L"79");BigU.Add(L"100.5");BigU.Add(L"122");
BigU.Add(L"143.5");BigU.Add(L"165");BigU.Add(L"186.5");
        BigU.Add(L"208");BigU.Add(L"229.5");BigU.Add(L"251");
BigU.Add(L"272.5");BigU.Add(L"294");BigU.Add(L"315.5");
        BigU.Add(L"337");BigU.Add(L"358.5");BigU.Add(L"380");
BigU.Add(L"401.5");BigU.Add(L"423");
        CStringArray BigV;
        BigV.Add(L"0.0000");BigV.Add(L"0.0003");BigV.Add(L"0.0006");
BigV.Add(L"0.0009");BigV.Add(L"0.0012"); BigV.Add(L"0.0015");
        BigV.Add(L"0.0018");BigV.Add(L"0.0018");BigV.Add(L"0.0021");
BigV.Add(L"0.0024");BigV.Add(L"0.0027");BigV.Add(L"0.0030");
```

```
    BigV.Add(L"0.0036");BigV.Add(L"0.0039");BigV.Add(L"0.0042");
BigV.Add(L"0.0045");BigV.Add(L"0.0048");


    //变量定义
    CStringArray U;
    double u1;CString str_u1;double pi =3.14159265;
    double hx =25.63837;
    double hy =0.00039;
    //double uv =71;
    //double vv =0.004;
    double sum =0;
    CString str_sum;
    CString str_i;
    CString str_j;
    CString strrrrr;
    CString Qhang;
    CString Qmatrix =_T("");

    //计算过程

    for(int m =0;m <17;m++)
    {
      for(int t =0;t <17;t++)
      {

        for(int i =0;i <32;i++)
        {
          double temp1 = (_wtof(BigU[m])) - (_wtof(x[i]));
          double temp2 = (_wtof(BigV[t])) - (_wtof(y[i]));
```

```
            double exptemp = -((temp1 * temp1)/(2 * hx * hx)) - ((temp2 * temp2)/(2 * hy * hy));
            double finalexp = exp(exptemp);
            u1 = (1/(2 * pi * hx * hy)) * finalexp;
            str_u1.Format(_T("%.9f"),u1);
            //str_i.Format(_T("%d"),i+1);
            //strrrrr.SetString(_T("第") + str_i + "个值为:" + str_u1);
            strrrrr.SetString(str_u1);
            sum = sum + u1;
            //MessageBox(strrrrr);
        }
        str_sum.Format(_T("%.4f"),sum);//
        Qhang.SetString(str_sum + _T(" - - - - "));
        Qmatrix = Qmatrix + Qhang;
        sum = 0;
    }

    MessageBox(Qmatrix);
    Qmatrix = _T("");
}



/ * str_sum.Format(_T("%.4f"),sum);
CString finalresult;
finalresult.SetString(_T("最终结果为:") + str_sum);
MessageBox(finalresult); * /

/ * u1 = _wtof(x[0]) +5;
str_u1.Format(_T("%.4f"),u1);
```

```
    MessageBox( str_u1 ) ; */
    x. RemoveAll( ) ;
    y. RemoveAll( ) ;
}
```

附录6：变量、参数注释表

变量	注释
B_0	依据经验安全发债比率90%确定证券化产品总规模
B_P	优先级债券规模
B_M	次优先级债券规模
J	投机级债券规模
r_1	银行抵押贷款利率
r_2	企业债收益率
r_3	海域使用权优先级产品票面利率
r_4	海域使用权次优先级产品票面利率
r_5	银行存款利率
r_6	国债收益率
V_p	投资项目价值
V_p^*	投资临界值
σ	项目价值波动率
ρ	项目投资回报率
δ	价值漏损率
P_s	海域使用权价格
μ	项目价值增长率
I	投资成本
P	证券化产品价格
CF_t	证券化产品在第t期的预期现金流
r_t	第t期相同剩余期限的国债即期收益率
ΔSS	静态利差
$r(t)$	国债即期收益率
P_e	定价时企业债券市场价格
v	定价时点距离下一付息日时长占一年的比重
c	债券各期利息

续表

变量	注释
A	债券本金
P_P	优先级债券价格
P_M	次优先级债券价格
ΔSS_{AAA}	优先级债券静态利差
ΔSS_{AA+}	次优先级债券静态利差
T_1	优先级债券存续期
T_2	次优先级债券存续期
V	资产池未来收益价值
S	投资级债券规模
R_f	无风险利率
R_j	投机级债券票面利率
τ	投机级债券存续期
a	均值回复速度
R_l	随机利率的长期水平
$r_r(t)$	随机利率
σ_r	随机利率模型的波动率
dz	标准布朗运动
PR	提前偿付率
D	证券化产品存续期内违约率
P_t	单月提前还款率
D_t	月违约率
B_{t-1}	第 t-1 期末剩余本金
R	风暴潮灾害风险
P(x)	风暴潮发生强度的概率分布函数
F(x)	受灾体脆弱性函数
$X=\{x_1, x_2, \cdots, x_m\}$	风暴潮强度样本集
m	渐进优化区间数
$Z=\{z_1, z_2, \cdots, z_m\}$	最大增水值样本的控制点集
Q_j	控制点 z_j 上的全部分配信息

续表

变量	注释
p_j	事件发生在“z_j 左右”的频率值
$P=\{p(z_1), p(z_2), \cdots, p(z_m)\}$	风暴潮最大增水值概率分布的估计值
$W=\{(x_1, y_1), (x_2, y_2), \cdots(x_n, y_n)\}$	最大增水值 x 与灾损率 y 的样本对集
$U=\{u_1, u_2, \cdots, u_m\}$	最大增水值的控制点集
$V=\{v_1, v_2, \cdots, v_t\}$	灾损率的控制点集
μ_{ikl}	第 i 次风暴潮最大增水值与灾损率所携带的信息扩散量
h_x, h_y	扩散系数
Q	W 在 U×V 上的原始信息矩阵
R_v	模糊关系矩阵
$\tilde{x}_0$, $\tilde{y}_0$	论域 U 上的输入模糊集
μ_s	海域使用权价值增长率均值
σ_s	海域使用权价值波动率
$V_s(t)$	t 时刻海域使用权价值
B_T	到期应当偿还的债务
EDF	预期违约概率
N(·)	标准正态累积分布函数
DD	违约距离

后　　记

本书是在笔者博士后出站报告的基础上修订完善而成。值此专著出版之际，首先感谢合作导师山东科技大学经济管理学院侯贵生教授！本书的顺利完成离不开侯老师的悉心指导。侯老师学识渊博、理论功底深厚、学术见解独到，每次指导，侯老师的建议总是能够高屋建瓴、切中要害，指出报告存在的问题，为我指明更清晰的研究思路和方向，使本课题的研究更加完善。

同时，感谢山东科技大学经济管理学院周衍平教授、辛宝贵教授、陈会英教授、马有才教授、饶卫振教授、马媛教授等多位老师不吝赐教，他们对本书提出了很多建设性意见和建议！感谢硕士生李茜、范凤奇、王燕、林蓓萱为本书的校对、排版付出的劳动！感谢山东科技大学经管学院的领导和同事在本书写作期间给予的关心和支持！

感谢经济科学出版社的肯定和大力支持，感谢编辑、校对等专业人员们的细致工作！

感谢家人！从小到大毫无保留地支持、鼓励，带给我前进的无限动力。

由于时间和研究能力所限，书中难免有疏漏与不足之处，敬请读者批评指正。